Inspirações para quem precisa fazer
GESTÃO DE PESSOAS

Eugenio Mussak

Inspirações para quem precisa fazer
GESTÃO DE PESSOAS

Copyright @ 2014 Eugenio Mussak
Copyright @ 2014 Integrare Editora e Livraria Ltda.

Publisher
Luciana M. Tiba

Editor
André Luiz M. Tiba

Coordenação e produção editorial
ERJ Composição Editorial

Capa, projeto gráfico e diagramação
ERJ Composição Editorial

Arte de capa
Qpix – estúdio de criação – Renato Sievers

Preparação de texto
Maria Alice da Costa

Dados Internacionais de Catalogação na Publicação (CIP)
(Câmara Brasileira do Livro, SP, Brasil)

```
Mussak, Eugenio
   Com gente é diferente : inspirações para quem
precisa fazer gestão de pessoas / Eugenio Mussak. --
1. ed. -- São Paulo : Integrare Editora, 2014.

      ISBN 978-85-8211-060-7

      1. Administração de pessoal 2. Grupos de trabalho
   3. Motivação 4. Pessoas - Gestão 5. Relações
   interpessoais I. Título.

14-06958                               CDD-658.3
```

Índices para catálogo sistemático:
1. Gestão de pessoas : Administração de empresas 658.3

Todos os direitos reservados à INTEGRARE EDITORA E LIVRARIA LTDA.
Av. Nove de Julho, 5.519, conj. 22
CEP 01407-200 – São Paulo – SP – Brasil
Tel. (55) (11) 3562-8590
Visite nosso site: www.integrareeditora.com.br

Apresentação

Sem ser um livro técnico sobre Gestão de Pessoas, *Com gente é diferente* discorre sobre os mais diferentes temas envolvidos na prática diária dos gestores de grandes, médias e pequenas empresas. Aspectos ligados à motivação humana, ao desempenho profissional, ao comprometimento dos colaboradores, à disposição para assumir responsabilidades, ao desenvolvimento dos potenciais, à ética das relações, entre outros, são abordados de maneira leve, curiosa e eventualmente divertida, sem desrespeitar o compromisso com as teorias consagradas e os avanços das ciências sociais.

Com seus conhecimentos de fisiologia humana e sua vasta experiência como educador que jamais abandonou a sala de aula, o professor Eugenio Mussak tem sido uma voz requisitada pelas empresas e órgãos públicos, pois ele consegue, como poucos, aproximar a teoria à prática, a gestão das empresas ao comportamento humano e o resultado operacional ao bem estar social. Neste livro, ele expõe os temas de interesse no dia a dia da Gestão de Pessoas com a suavidade de um romancista, o que faz parecer – o que deve ser verdade – que qualquer gerente, diretor ou responsável por

COM GENTE É DIFERENTE

grupo de trabalho pode vir a ser um bom gestor de pessoas, a depender apenas de sua disposição e do entendimento das variáveis que nos impelem, enquanto humanos, à realização de um potencial.

O que faz um grupo transformar-se em uma equipe de verdade? Como obter o tão desejado comprometimento? Autonomia ou heteronomia? Ferramentas de gestão de pessoas funcionam? Desempenho ou potencial, o que preferir? Como manter alta a motivação do grupo? Estes e tantos outros temas, ainda que imperceptivelmente, passam pela cabeça de todos os que lidam com gente no cotidiano do trabalho.

Pois são estes os focos de atenção deste livro. Cada um de seus vinte e cinco capítulos inicia remetendo a um tema, que será desenvolvido de maneira a ser, antes de tudo, uma inspiração. Há, em suas páginas, poucos esquemas táticos, e muita reflexão sobre os diversos assuntos, concluídos, em geral, de maneira surpreendente, o que levará o leitor a se colocar como protagonista do encaminhamento, pois não haverá quem não se identifique com os *cases*, as referências históricas, as diversas obras da literatura universal citadas, a até os filmes usados como exemplo.

Com gente é diferente não quer ser um livro texto, mas traduz as ideias e a experiência de um dos mais respeitados pensadores da atualidade quando o tema é o homem no trabalho, o trabalho e o resultado, o resultado e a felicidade. E nos deixa, a todos, com a sensação agradável de que um mundo melhor é possível e está ao alcance de quem responde por uma boa parte dele: os gestores empresariais.

André Luiz Martins Tiba
Editor

Sumário

    Introdução........................... 9

1 Eficiência, uma obsessão................13

2 A qualidade do desempenho..............21

3 Sobre grupos e equipes..................29

4 Equipes de alta performance..............37

5 Comprometimento, a chave...............45

6 Gente de atitude......................53

7 Sobre responsabilidade..................61

8 A desejada autonomia...................71

9 Em busca de talentos...................81

10 Pessoas não são coisas...................89

11 Persuasão convincente...................97

COM GENTE É DIFERENTE

12   Motivação consistente 103

13   *Feedback*, a melhor ferramenta 109

14   Sobre o potencial das pessoas 119

15   Novas ideias, novos rumos 127

16   A dignidade de servir 135

17   Queremos os insatisfeitos 143

18   Ética é fazer a coisa certa 151

19   Diante de dilemas morais 161

20   A influência dos ambientes 169

21   Invasão de espaço 175

22   Um projeto de vida 183

23   Prazer em fazer 191

24   Relações de poder 199

25   Sobre visão de futuro 207

Introdução

— Eugenio, tudo bem?
— Cláudio, como vai? Você anda sumido, há muito tempo não o vejo na academia.

O Prof. Cláudio era um dos mais aplicados da academia que eu frequentava. Formado em educação física, com especializações em fisiologia, reabilitação e preparação para esportes de alta performance, ele era considerado por todos um profissional de primeira. Trabalhava como professor contratado da academia e como *personal trainer*. Além de montar os treinos e orientar os alunos, tinha a responsabilidade de diagnosticar as necessidades dos alunos e confrontá-las com seus desejos. "Não é raro" – comentou comigo certa vez – "que os alunos queiram uma coisa e precisem de outra".

Realmente, é comum uma pessoa que não tem formação nem afinidade com exercícios físicos matricular-se numa academia de musculação porque deseja emagrecer, sem se preocupar com os trabalhos aeróbicos e com a alimentação; ou se inscrever em atividade de alto impacto sem primeiro ter trabalhado os músculos e os ligamentos; ou ainda, ter o sonho de praticar um esporte sem se preocupar com o condicionamento físico adequado.

COM GENTE É DIFERENTE

Nas atividades físicas, com frequência há distância entre o que se deseja e o que se necessita. É assim também na gestão das empresas. Cláudio percebeu isso, por força das circunstâncias. Ele tinha saído da academia em que trabalhava – uma unidade de uma grande rede – para se aventurar como empreendedor. Atraído pela liberdade de ser dono do próprio negócio, pela possibilidade de ganhos maiores, e também pelo desejo de voltar a Jundiaí, sua cidade de origem, ele se associou a um investidor local e realizou o sonho de tantos: abriu a sua academia. De professor contratado e profissional liberal, passou a ser empresário.

— Que bom. Parabéns! – foi o que eu lhe disse quando ele me contou de sua aventura empreendedora – E como vão as coisas?

— Olha, não posso me queixar. Consegui um ótimo espaço, bem localizado, equipei a academia do jeito que eu sempre achei que deveria ser e, o mais importante, já tenho muitos alunos. Só que...

— Só que? – perguntei, quando ele interrompeu a frase por alguns instantes.

— Só que eu não imaginava que era tão difícil administrar uma empresa. Tem contas a pagar, coisas administrativas, o contador, impostos, muitas coisas para controlar. E você sabe, né, eu entendia era de educação física...

— Bem, isso acontece com todos os empreendedores. De repente se dão conta de que, além de conhecerem o negócio, precisam entender de gestão. Mas nada que não se possa aprender. Além disso, você precisa se cercar de pessoas certas, competentes.

— Exato. Foi o que me disseram. E foi o que tratei de fazer, só que então descobri que essa é exatamente a parte mais difícil.

— Como assim?

— Descobri que, de todas as coisas que preciso administrar como empreendedor, a mais difícil é exatamente a parte de gestão de pessoas. Hoje, tenho uma pequena equipe de funcionários e professores, e percebi que é muito mais fácil controlar o caixa, cuidar dos equipamentos, fazer propaganda e até relações públicas. Difícil é lidar com as pessoas no trabalho. Preciso selecionar, contratar, demitir, capacitar, motivar, lidar com conflitos, com falta de comprometimento. Ufa, que trabalheira! Acabei me dando conta de que lidar com gente é diferente.

"Com gente é diferente". Essa frase final do desabafo do Prof. Cláudio não me saiu da cabeça por muito tempo. A partir desse feliz encontro com um jovem sonhador, que havia se transformado em um bom amigo na sala repleta de equipamentos, pesos livres, esteiras ergométricas, suor, gemidos, espelhos e alegria, passei a prestar atenção em outros empreendedores que conhecia, e também em gestores das grandes empresas para as quais tenho trabalhado como consultor.

Não é comum que as observações de todos sejam as mesmas de Cláudio. Lidar com gente é diferente. Concordo. Lidar com gente – ou fazer Gestão de Pessoas – não é mais difícil ou mais fácil do que administrar todas as outras variáveis de uma empresa. Só é diferente.

Com gente é diferente porque gente pensa, tem sentimentos, é dotada de vontade própria. Coisas não. Coisas são controláveis. Pessoas são lideráveis.

Essa singela história me inspirou a publicar esta obra. Não se trata de um livro de Gestão de Pessoas, como o que já publiquei,[1] que tinha a função de ser um material de consulta, com métodos, técnicas, pesquisas e esquemas já

---

1 MUSSAK , Eugenio. *Gestão humanista de pessoas*. São Paulo: Campos Elsevier, 2009.

COM GENTE É DIFERENTE

testados. Este é o resultado do exercício do livre pensar, em que os 25 capítulos têm a finalidade de servir de inspiração aos temas endereçados pelos títulos e pelo pequeno parágrafo introdutório.

Os capítulos são independentes, podem ser lidos de acordo com a preferência do leitor, apesar de guardarem uma sequência lógica, que pretende estimular a leitura sequencial.

Pessoas, no trabalho, passam a ser profissionais, mas continuam sendo pessoas. Entender esse detalhe pode fazer toda a diferença quando o objetivo é conseguir comprometimento, aumentar a eficiência, obter resultados admiráveis. Definitivamente, lidar com gente é diferente, mas fascinante.

Eficiência, uma obsessão

Fazer cada vez mais com cada vez menos. Esta demanda parece ter se transformado em uma obsessão nas empresas, que têm de manter um olho no que fazem e o outro em quanto gastam para fazer. O conceito de eficiência tem sido lembrado, e isso interfere diretamente na maneira como se pratica Gestão de Pessoas.

ste é um assunto sempre presente na gestão das empresas, e nunca é demais lembrar, principalmente em uma época de obras grandiosas: resultado não é sinônimo de competência operacional, ou eficiência. É apenas diretamente proporcional. Em outras palavras, quanto maior – ou melhor – for o resultado do trabalho de uma pessoa, equipe, empresa ou governo, maior sua eficiência, mas, cuidado, é também necessário levar em consideração outro conjunto de variáveis, chamado "recursos".

Em síntese, não é suficiente reconhecer a qualidade do resultado apresentado, é necessário saber de que maneira ele foi atingido. Quanto custou tal benefício, afinal? É nessa pequena equação que reside a essência da gestão. Resultado sim, mas não a qualquer custo. Os bons gestores são os que mantêm um olho no numerador (resultados) e outro no denominador (recursos aplicados). E estes são de quatro tipos: financeiros, naturais, humanos e temporais.

Esta é a tendência. Elevar a qualidade de nossas entregas ao mesmo tempo em que procuramos gastar menos dinheiro, utilizar melhor os recursos do planeta, envolver menos pessoas no processo e, não menos importante, fazer tudo cada vez mais rápido. Apenas uma lembrança: não se trata de simplesmente cortar custos, como se prega por aí. O importante é otimizar sua aplicação. Assim sempre será

COM GENTE É DIFERENTE

possível colher resultados cada vez melhores, fazendo cada vez mais com cada vez menos. Isto é ciência. Quando lançada, uma TV de plasma custava o equivalente a vinte vezes o que custa hoje. O mesmo hectare de terra que produzia 20 sacas de soja há trinta anos agora produz 65. Um carro potente da década de 1970 fazia menos de 4 quilômetros com um litro de gasolina, enquanto os híbridos atuais chegam a rodar quase dez vezes mais. Uma agência bancária com 25 funcionários, atualmente presta os mesmos serviços com doze. À medida que os anos passam, estamos, de fato, fazendo mais, melhor e mais rápido, com cada vez menos, sim. Mas isso não vem do nada. Tem inteligência por trás dessa história.

Perceba como os processos, a tecnologia e a educação estão envolvidos diretamente com a melhor utilização dos recursos. Olhando mais de perto o caso de um banco, notamos que uma equipe menor pode fazer mais e mais rápido porque os funcionários estão mais treinados, usam processos mais ágeis e se valem da moderna tecnologia da informação. Em resumo, gestão!

Eficácia, uma necessidade

A máxima "Não basta fazer certo a coisa, tem de fazer a coisa certa" nunca foi tão verdadeira como na atualidade. E não porque os conceitos de eficiência (fazer certo a coisa) e eficácia (fazer a coisa certa) tenham sido de repente recuperados e considerados essenciais. E sim porque nunca antes tivemos tanta coisa para fazer.

Nas empresas, há pelo menos três motivos para que essa realidade tenha se instalado. Primeiro porque as equipes estão ficando, gradativamente menores. Não é incomum que se diga que, antes, a equipe tinha quatro componentes, e agora são só três para fazer o trabalho de cinco. A necessidade de reduzir custos e a indisponibilidade de pessoas qualificadas estão por trás dessa dura realidade.

O segundo motivo é o surgimento natural da cultura de multifuncionalidade, que tomou conta do mundo corporativo na virada do século. Hoje não basta que você seja muito bom em sua área, precisa ser multi. Todos na empresa são vendedores, diz o marketing; é preciso que cada um cuide dos custos, afirma o financeiro; esperamos sugestões e contribuições para melhorar a qualidade, informa a produção; cada gestor é um gestor de pessoas, transfere o RH. E todos têm razão.

E, para coroar, o terceiro motivo é de ordem geral, ou global. O mundo em que vivemos tem como principais características a velocidade das mudanças, a imprevisibilidade e a incerteza. A questão tem influência tão capital nas empresas que a Profa. Rita McGrath, da *Columbia Business School*, de Nova York, acaba de lançar um livro chamado simplesmente *O fim da vantagem competitiva*. O que a autora propõe (e demonstra com inúmeros exemplos) é que a dinâmica dos mercados exige uma análise permanente, quase diária, dos fatores que permitem a empresa manter-se viva e competindo. A vantagem competitiva que nos trouxe até aqui não será suficiente para nos levar adiante. Não só tudo é transitório, como a transitoriedade está com pressa.

Provendo recursos

O filme *Coração Valente*, produzido e estrelado pelo australiano Mel Gibson, conta, de forma romanceada, a história real do líder escocês William Wallace. Um dos momentos marcantes é a batalha de Stirling, em que o pobre e mal armado exército escocês vence o autoproclamado invencível exército dos ingleses. Fica evidente a liderança de Wallace porque oferece a seus homens três coisas: uma causa – a liberdade, o maior de todos os valores; um exemplo – ele luta à frente de seus homens; e os meios – uma estratégia inteligente e uma nova arma, capaz de anular a cavalaria dos bretões.

Trata-se de um excelente exemplo de liderança em que o líder atinge o resultado desejado por dizer a seus homens **o que** iriam fazer, **por quê** e **como**. O encontro desses três componentes transforma cada membro da equipe em proprietário de seu futuro, criando um espírito comum de confiança na vitória. Criar causas (diferente de apenas delegar tarefas) e liderar pelo exemplo são duas posturas fundamentais e pertencem ao componente comportamental do exercício da liderança. Já o fornecimento da estratégia e dos recursos indispensáveis à realização das tarefas necessárias fazem parte da técnica de liderar. O líder que não se preocupa com os recursos corre o risco de desperdiçar o que tem sem alcançar o que deseja. E olha que isso é relativamente comum; líderes competentes para mobilizar as pessoas, mas incapazes de obter e gerir os recursos necessários.

No mundo capitalista em que vivemos, as empresas costumam expressar seus objetivos de várias maneiras – crescimento, *market share*, unidades produzidas, expansão, responsabilidade social etc. Mas o que interessa mesmo é o resultado financeiro. Os outros objetivos são na verdade meios através dos quais o lucro será garantido neste exercício e no futuro próximo e remoto. Empresas têm que gerar lucro; essa é a essência do capitalismo. Empresas têm que ganhar dinheiro e satisfazer a todos os que estão envolvidos com ela, os chamados *stakeholders* – acionistas, funcionários, fornecedores, clientes e a sociedade.

E cá pra nós: tanto para as empresas quanto para as pessoas, nada como uma boa tranquilidade financeira. Mas sempre é bom lembrar que tal tranquilidade não deriva de outra coisa se não da administração das finanças. Saúde financeira não depende apenas de dinheiro entrando, e sim de sua gestão. É claro que é bom saber ganhar dinheiro, mas isso significará pouco se aquele que sabe como ganhar não souber como gastar. E como investir, guardando para o futuro.

Em longo prazo, o dinheiro é visto pela ótica do investimento. Em curto prazo, pelo fluxo de caixa; afinal, é preciso pagar as contas. Entre ambos será encontrado o levantamento dos recursos, ou seja, a capacidade de ganhar dinheiro. Se, na época do William Wallace era fundamental desenvolver uma arma para anular a cavalaria do inimigo, hoje é básico criar um mecanismo para garantir o fôlego financeiro. Por isso os gestores modernos têm algo de estrategistas econômicos e, quando reconhecem sua insuficiência na matéria, cercam-se de quem é especialista.

Esse é o momento em que o idealismo se encontra com o pragmatismo; e um precisa do outro. O líder idealista tem visões do futuro; o pragmático cria as condições para tornar a visão realidade. O idealista olha para a outra margem do rio; o pragmático constrói a ponte. A boa notícia é que essas qualidades não são excludentes. Ou seja, você pode ter a visão e também pode providenciar os recursos para chegar lá. Lembre-se que quem não se preocupa com as finanças corre o risco de ver desperdiçado seu talento de ter ideias, por mais geniais que elas sejam.

A qualidade do desempenho

Como os resultados alcançados são diretamente proporcionais ao desempenho, nada mais natural que os gestores estejam preocupados com os mesmos. Vale dizer que o desempenho depende de muitas variáveis, entre elas a capacitação técnica, as condições de trabalho e as ferramentas disponíveis. Entretanto, a questão do desempenho tem sido crescentemente relacionada à atitude das pessoas.

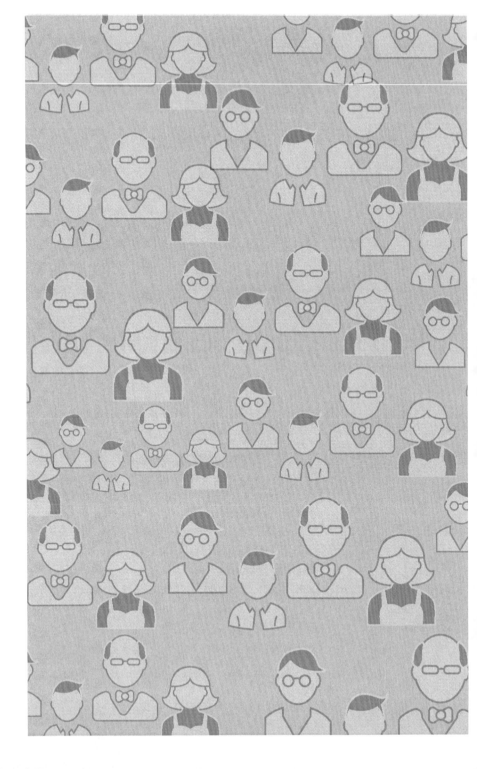

— E aí, como anda o ID de sua equipe? – perguntou o diretor ao gerente de um setor da fábrica.

— ID? – disse o gerente, franzindo a testa, e deixando claro que não sabia sobre o que o diretor estava falando.

— ID. Índice de Desempenho – esclareceu o diretor – você sabe que estamos em uma campanha para aumentar a produtividade da fábrica, e isso só será possível se as pessoas melhorarem seu desempenho.

Entende-se por desempenho o rendimento de um indivíduo, uma equipe ou uma companhia, comparado a uma expectativa ou a um padrão. Em outras palavras, um desempenho de uma pessoa é considerado bom se ela atingir as metas predefinidas, ou se não for inferior à média de seus pares.

Como os resultados alcançados são diretamente proporcionais ao desempenho, nada mais natural que os gestores estejam preocupados com estes. Vale dizer que o desempenho depende de muitas variáveis, entre elas a capacitação técnica, as condições de trabalho e as ferramentas disponíveis. Entretanto, a questão do desempenho tem sido crescentemente relacionada à atitude das pessoas.

Notadamente, a capacidade de entrega varia entre as pessoas e, quando se busca entender a razão para o bom desempenho de A e o desempenho insuficiente de B, o que

COM GENTE É DIFERENTE

salta aos olhos é a disposição pessoal, a energia vital aportada na tarefa.

Eis por que, quando o tema é Gestão de Pessoas, o tema desempenho é colocado no topo das preocupações, uma vez que a maneira como os gerentes lidam com suas equipes será determinante. A rigor, quando o assunto é comportamento visando o desempenho, três aspectos devem ser observados: a capacitação, a motivação e a integração. E, ressalve-se, todos os três são integrantes definitivos da boa gestão.

Capacitação por motivos óbvios. Ninguém terá desempenho aceitável se não souber fazer o trabalho. Eis o motivo pelo qual empresas estão, cada vez mais, assumindo seu papel de escolas. Sempre lembrando que, após o período de capacitação, o colaborador, por melhor que seja, ainda não está "pronto", falta-lhe experiência, experimentação. Mas ele precisa iniciar o trabalho, até porque faz parte de sua capacitação. É quando entra em ação o aprendizado *on the job*, o aprender fazendo, parte integrante, visceral, da Gestão de Pessoas, responsabilidade do gerente, do chefe imediato.

Por outro lado, se a capacitação é o "saber fazer", a motivação é o "querer fazer". Manter uma equipe motivada, com alta energia, desejo genuíno de fazer bem-feito, de superar-se e superar as expectativas dos outros, também é atributo dos gerentes. O tema motivação não se encerra aqui, ao contrário, só abre a discussão, considerando a importância do tema, que é disciplina dos cursos de psicologia.

Até a década de 1970, as contratações de funcionários levavam em consideração, quase exclusivamente, o histórico escolar e a experiência anterior dos candidatos. Foi quando o psicólogo norte-americano David McClelland demonstrou que o desempenho dos trabalhadores estaria mais ligado a seu grau de motivação, que ele relacionava principalmente ao desejo de realizar, e realizar-se. Segundo ele, essa é a disposição pessoal que impulsiona pessoas a entregar resultados e se aprimorar de modo crescente. Em virtude disso, a adequação psicológica dos candidatos aos cargos passou a ser levada muito a sério. Mas, cuidado, pois a seleção faz apenas o primeiro passo. O dia a dia é que acaba sendo determinante na manutenção da alta energia psicológica dos membros de uma equipe.

Por último, a questão da integração. Se uma pessoa não capacitada não sabe fazer o trabalho, e a desmotivada não quer fazer, a não integrada simplesmente não consegue. Por quê? Ora, porque praticamente não há mais trabalhos feitos de maneira isolada. O que prevalece é o sentido de equipe, e não há equipe de verdade sem membros integrados, com bom nível de relacionamento, comunicação, sinergia.

É preciso ressaltar, entretanto, que, quando este é o tema, a primeira integração a ser observada é com os valores da empresa, com seus propósitos, visão de mundo, objetivos a serem atingidos. Alguém, que não entendeu ainda em que empresa trabalha, qual a essência dela, o que pode e o que deve ser feito, que não tenha tatuado ainda a logomarca da empresa em seu coração, dificilmente pode ser considerado "integrado".

MDA e MDP

Em um recente congresso de recursos humanos, um grupo de altos dirigentes de empresas se reuniram com profissionais de RH para discutir as grandes aflições que lhes faziam perder o sono. Entre elas estava a questão do desempenho das equipes. Como cada empresa tem de manter na alça de mira entregar mais e melhor que seus concorrentes, esse assunto não podia ficar de fora. Na ocasião, foi usada

COM GENTE É DIFERENTE

uma metáfora da matemática para jogar mais luz sobre a discussão.

Você se lembra de um conceito que aprendíamos nas aulas de matemática básica, chamado mínimo múltiplo comum (MMC)? Tínhamos de calcular qual seria o menor número que era múltiplo de outros dois ao mesmo tempo. De 6 e 9, por exemplo, seria 18. Nunca entendi bem qual era a utilidade disso, mas aprendi a fazer a conta rapidinho. Era fácil. Este foi o conceito tratado naquela reunião. Os gestores falavam sobre o MDA, ou menor desempenho aceitável. O que é isso? Ora, é o desempenho mínimo que alguém tem de demonstrar para não ser mandado embora do emprego, para não receber uma reclamação do cliente ou para deixar tudo exatamente como está. Não é de tirar o sono?

Com frequência vemos o MDA sendo praticado por aí. É uma filosofia dos medíocres. Gente que faz o menor esforço só para cumprir tabela, sem a preocupação com o surpreender, superar, evoluir. Uma legião de acomodados no destino que eles mesmos construíram, que vão levando a vida esperando que algo melhor aconteça algum dia, por sorte. Aquele tipo que sempre passou de ano com média 6, a menor nota suficiente. Você conhece...

Esse é o tipo de comportamento que assassina carreiras, e que não cabe mais no mundo competitivo em que estamos. Nas empresas, vivemos a era da excelência, da qualidade, da preocupação com os detalhes e do aprimoramento contínuo. Definitivamente, não podemos fazer só o mínimo, pois o cliente é mais exigente e o concorrente está preparando o bote.

Nesta hora, talvez seja conveniente recordar-se de outro conceito da aritmética: o máximo divisor comum (MDC). Lembra-se? Trata-se do maior número inteiro que pode dividir outros dois. Eu também não percebia sua aplicação, mas gostava da palavra "máximo". E ainda gosto.

No trabalho e na construção de carreiras profissionais, não podemos nos esquecer do maior desempenho possível (MDP), que é um índice inconstante, pois muda todos os dias, para cima, claro. Felizmente, a filosofia do MDP também é adotada por muitos, em todos os lugares, e salva o nosso dia.

Gente que sabe que dá para melhorar o desempenho sempre, e não se contenta em ficar como está. Aliás, ninguém se mantém igual – ou melhora ou piora. Ficar igual é ilusório porque você sempre está sendo comparado com a média, e esta continua subindo. É que vivemos, atualmente, em um mundo mais exigente (MME). E quem vai se sair melhor no MME? MDAs ou MDPs?

Resposta fácil de dar, mas condição difícil de atingir em uma equipe com pessoas que têm níveis diferentes de capacitação, motivação e integração. Nada, claro, que não possa ser resolvido com uma boa Gestão de Pessoas. O ID agradece.

Sobre grupos e equipes

Um conjunto de pessoas é apenas isso, um coletivo humano.
Gostamos de dizer que temos equipes, mas, para que isso seja verdade, esse conjunto de pessoas deve ter algumas características próprias, senão não passará de um grupo.
Gestores devem ter a competência necessária para transformar grupos em equipes de verdade.

Observe os torcedores num estádio de futebol. Todos têm o mesmo objetivo: assistir ao jogo, torcer pelo seu time. Mas cada pessoa está assistindo ao jogo de forma individualizada, ainda que possa haver comunicação entre elas e a energia coletiva possa ser sentida por todos. É claro que é bom assistir a um jogo no meio da torcida, fica mais divertido. Mas, repare, cada torcedor esta lá por conta própria, ainda que tenha ido com amigos. Os torcedores de grupo comemoram juntos, sofrem juntos, se abraçam, mas, mesmo assim, são autônomos, poderiam ter ido ao estádio sozinhos.

Agora, compare um grupo de torcedores com o time que está em campo. O time, por definição, é um conjunto de pessoas que dependem diretamente umas das outras. Não poderiam jogar sozinhas. Uma torcida é um grupo, mas em campo está uma equipe, o que é muito diferente. A equipe também é um conjunto de pessoas, só que com algumas características bem específicas. Vamos a elas:

1. O objetivo é comum e compartilhado. Todos os membros da equipe querem chegar ao mesmo lugar, e têm a clara consciência de que só há duas possibilidades: ou todos chegarão juntos, ou ninguém chegará.

2. As habilidades são complementares. Assim como não há uma equipe de futebol apenas com atacantes ou com zagueiros e uma cirurgia não é feita só por

COM GENTE É DIFERENTE

cirurgiões ou anestesistas, em qualquer equipe, um membro complementa o outro.

3. Há perfeita sintonia entre os componentes da equipe no que diz respeito ao objetivo, mas também no que se referem às crenças, aos valores, ao jeito de ser daquela equipe. Senão não há coesão. A equipe é reconhecida como entidade única, e cada membro, mesmo isolado, é identificado como seu representante.

4. Existe sinergia entre os membros. Fundamental. Sinergia é um conceito emprestado da ciência, e explica que o resultado de uma reação química não é a simples soma dos componentes. É muito mais. Você não consegue beber oxigênio e hidrogênio. Mas se juntar os dois na proporção certa, terá água para saciar a sede. Da mesma forma, o poder de realização de uma equipe é muito superior à simples soma da capacidade de seus componentes.

5. A confiança está presente. Você já viu um jogador de futebol fazer um passe de calcanhar sem olhar para o companheiro de equipe? Isto não é irresponsabilidade. É confiança. Ele sabe que o companheiro está em seu lugar e fará sua parte. A confiança libera as pessoas a darem o melhor de si.

É isso. Se faltar uma dessas características, cuidado, provavelmente você não tem uma equipe. Tem um grupo. Ou uma turma, um bando, uma multidão, um *flash mob*. E, nesse caso, pode até ser divertido, mas não vai dar para fazer conquistas importantes.

Pessoas diferentes

Nas equipes, diferenças são inevitáveis, e até necessárias e úteis, pois em geral são complementares. No curioso filme *A Era do Gelo* – um divertido desenho animado dirigido por Chris Wedge e lançado em 2002 –, encontramos um exemplo muito profundo do valor da união e da confiança entre indivíduos diferentes, que só não fica mais explícito porque o filme é analisado principalmente por sua capacidade de divertir.

Os personagens, Manfred, Sid e Diego não podiam ser mais singulares, pois se tratava de um mamute, um bicho-preguiça e um tigre-dentes-de-sabre. No começo, os três tinham destinos e interesses totalmente distintos, e nem sequer nutriam, entre si, algum tipo de apreço. Até que um milagroso fato aconteceu: ao encontrarem um filhote humano perdido, decidem devolvê-lo à sua tribo. A partir do momento em que o objetivo dos três passa a ser o mesmo, as diferenças, mesmo sem desaparecerem, começam a ser toleradas e às vezes valorizadas, pelas diferentes habilidades que as acompanham. Quando Manfred, o mamute, entrega o filhote aos cuidados de Sid, o preguiça, e salva Diego, o tigre, de morte certa, pondo em risco a própria vida, ouve do companheiro a pergunta lógica: "Por que fez isso, se você podia ter morrido?". A resposta também é lógica: "Porque é isso que se faz quando se trabalha em time – cuidamos uns dos outros".

O filme dá um belo exemplo de como as pessoas podem viver melhor quando todos se interessam pelo bem-estar de cada um, e quando cada indivíduo colabora para o bem comum. O individualismo é marca registrada dos caóticos tempos modernos, mas é bom lembrar que desde a origem humana, os grupos fazem parte de nosso estoque biológico de sobrevivência, afinal, "meu grupo me protege" e, em troca, "eu protejo meu grupo". Quando nos lembramos disso, citamos a famosa frase "um por todos e todos por um", e nos sentimos mais seguros.

COM GENTE É DIFERENTE

A origem literária

Ao contrário da maioria das frases populares, cuja origem se perde com o tempo, esta foi criada por um escritor – Alexandre Dumas –, que viveu no século XIX e foi um dos mais prolíficos autores do Modernismo francês. Deixou cerca de 1.200 obras, sendo trezentos livros publicados. Entre estes, os dois mais famosos, curiosamente, tratam de aventuras humanas que se desenrolam de maneira totalmente diferente: *Os Três Mosqueteiros* e *O Conde de Monte Cristo*.

No primeiro, a força da aventura é retirada do conjunto das pessoas envolvidas – no caso, o aspirante D'Artagnan, e os três mosqueteiros do rei, Athos, Porthos e Aramis. No segundo, o marinheiro Edmond Dantes resolve as coisas sozinho. Exatamente por isso *Os Três Mosqueteiros* é uma história alegre e movimentada, ao passo que *O Conde* é um romance soturno, tenso e triste. Enquanto os mosqueteiros mostram que para combater a injustiça a união é a melhor arma, o misterioso conde vale-se do sentimento de vingança.

D'Artagnan era um jovem interiorano que veio a Paris com o sonho de transformar-se num mosqueteiro, uma espécie de guarda real do rei Luiz XIII. Entretanto, o reino estava dominado pelo primeiro-ministro, o cardeal Richelieu, que criara sua própria guarda com a qual os mosqueteiros viviam às turras. Na primeira escaramuça que D'Artagnan travou contra a guarda do cardeal em companhia dos três mosqueteiros, desejoso de ser aceito como igual, bradou a frase que daria força ao grupo e, de quebra, ao romance: *Um por todos e todos por um!*. E seguiu-se uma luta em que prevalece a habilidade dos mosqueteiros e a força de sua união sobre o número superior de soldados de Richelieu.

Já no outro livro, Edmond Dantes é traído pelo melhor amigo Fernand Mondego – seu rival no amor da jovem Mercedes. Injustamente acusado de um crime, Edmond é preso e amarga treze anos no presídio na ilha Chateau D'If, sofrendo humilhações e conhecendo a desesperança. Sua oportunidade de fugir surge na figura de um colega de infortúnio, Abbe Faria, que, ao perceber que estava morrendo, sugeriu a Edmond que se colocasse no lugar do seu corpo, sendo assim laçado ao mar. De quebra, ainda deu ao herói o mapa de um imenso tesouro. Assim, como por mágica, vê-se livre e milionário. A história conta com os elementos fortes da traição e da vingança, mas só se resolve com um ato de altruísmo e solidariedade. Entretanto, esses sentimentos são pouco explorados ao longo do romance.

Alexandre Dumas é apontado pelos críticos literários como um romancista que não criou personagens de grande densidade, nem tramas possuidoras de ensinamentos capazes de elevar a condição humana. É, antes, visto como um bom comunicador, que usava palavras fáceis e frases de efeito, que o tornaram rapidamente popular. Seus personagens são atormentados pelos problemas comezinhos, e se saem das enrascadas por atos de valentia ou de sorte. Os heróis sempre acabam por ganhar a força de que necessitam para atingir seus objetivos. No caso do injustiçado Edmond, um tesouro incalculável; no dos perseguidos mosqueteiros, a união inabalável do grupo.

União e confiança

Dessas duas histórias, percebemos que a **união** e a **confiança** – os traços preponderantes na relação dos mosqueteiros – têm o valor do ouro e dos diamantes do conde de Monte Cristo. Quando D'Artagnan diz "Um por todos", está deixando clara a ideia de que o coletivo prevalece sobre o individual. Mas quando completa com o "Todos por um",

COM GENTE É DIFERENTE

lembra que o grupo nada mais é que a soma dos indivíduos que se juntam para viver melhor.

A união é a grande responsável pela força que o grupo tem, e o cimento que forma essa união é a confiança. Confiar deriva do latim *confidere* – ter fidelidade mútua, bilateral. Até porque não se é fiel a alguém de quem não se tem a fidelidade. Tendemos a confiar nas pessoas que confiam em nós, pois assim se forma um vínculo que sustenta a relação.

Um conjunto de pessoas não é, necessariamente, uma equipe ou um time. Pode ser apenas um grupo. Um grupo transforma-se em uma equipe, ou um time, quando o sentimento de *um por todos e todos por um* fica claro e é absorvido por todos os membros, que praticam a união e a confiança. Se prevalecer o interesse individual, nada feito.

Equipes de alta performance

Existem equipes e existem equipes
de alta performance.
A diferença do resultado obtido
por ambas é nítida.
O que se busca entender é quais as
características e, principalmente, como se
desenvolve uma equipe de alta performance.

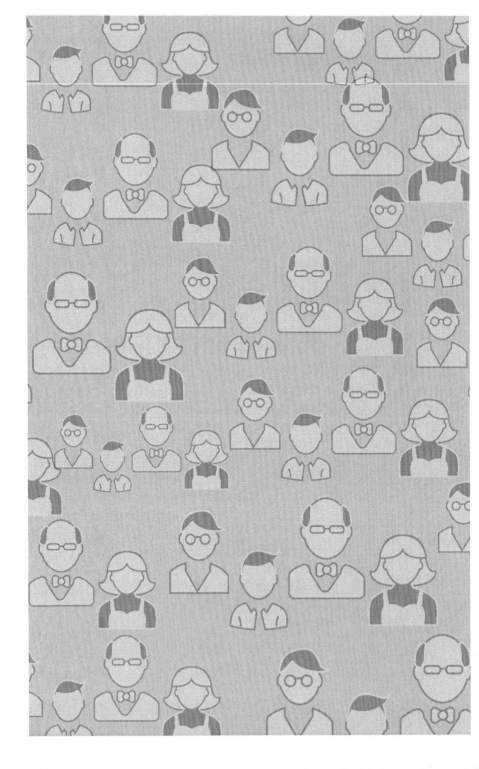

á equipes competentes e há equipes de alta performance. O que as do segundo tipo têm que as torna diferentes de uma equipe comum? Bem, se pudesse resumir a uma palavra, diria: paixão.

Mas, analisando bem de perto essa questão, percebemos que a paixão não existe por si só. Ela tem fontes reais, origens claras e consistentes. Podemos dizer que uma equipe, para desenvolver tal sentimento e atingir o *status* de alta performance, precisa ter três qualidades essenciais:

1. Precisa de um objetivo que as pessoas considerem como uma grandiosa missão. Algo pelo que valha a pena se sacrificar. Equipes de alta performance adoram causas para defender, e são até capazes de morrer por elas. E essa missão tem de ser acompanhada de uma estratégia inteligente, claro. Missão sem estratégia não passa de uma aventura irresponsável.

2. A equipe deve ser composta por membros que, além das qualidades comuns às equipes, como complementaridade, sinergia e confiança, têm mais uma característica: gostam de desafios. E um desafio não é fazer o que sempre se fez, é fazer mais, ir além, atingir novos patamares de conquista. É bom lembrar que o desafio sempre vem acompanhado de risco – de falhar e de perder, principalmente. Então,

COM GENTE É DIFERENTE

é necessário ter apreço pelo risco, o que não é para qualquer pessoa, definitivamente.

3. A equipe deve ter um líder de alta performance. Aquele tipo de líder que, além de defender a causa e de ter apreço pelo desafio e pelo risco, transpira uma insatisfação pessoal permanente. E sempre acha que, por melhores que sejam os resultados, poderiam ser ainda melhores, a começar por seu próprio desempenho.

Para tocar a rotina, uma equipe é suficiente. Para partir para novas conquistas, e pôr a empresa em um novo patamar, é necessária uma equipe de alta performance, sem dúvida.

Mas, cuidado, pois as equipes de alta performance, por gostarem dos desafios, não estão felizes quando não estão enfrentando alguma disputa. Por isso, se você é líder e deseja que sua equipe seja de alta performance, prepare-se para lidar com a energia dinâmica de pessoas assim e prepare-se também para ser, você mesmo, líder de alta performance.

A mensagem

Em minhas andanças pelas empresas, tenho encontrado com frequência a queixa da falta de atitude. A maioria dos funcionários – dizem os gerentes – fica esperando ordens, não se antecipam, não têm – para usar um jargão corporativo – proatividade.

Têm razão os gerentes, é duro liderar uma equipe de acomodados. Mas, se serve de consolo, esse assunto não é novo, como mostra um ensaio de 1899, do escritor norte-americano Elbert Hubbart, chamado *Mensagem a Garcia*. É um dos textos mais reproduzidos no século XX. Virou até filme.

A história é ambientada na Guerra Hispano-Americana, que foi deflagrada depois que o navio norte-americano

USS Maine foi afundado pela marinha espanhola. Como consequência dessa guerra, a Espanha perdeu várias colônias para os Estados Unidos, como Cuba e Filipinas – que logo depois conseguiram sua independência –, Guan e Porto Rico, que são territórios norte-americanos até hoje.

Consta que o presidente norte-americano William McKinley precisava mandar uma carta ao general Calixto Garcia Íñiguez, líder das forças rebeldes cubanas contra os espanhóis. Como se tratava de uma mensagem extremamente estratégica para a vitória, ele pediu que a missão fosse dada a um homem de confiança, daqueles que se focam e que não veem obstáculos quando têm um objetivo.

Foi então escolhido o tenente Rowan, que imediatamente navegou até a ilha de Cuba, passou fome e frio, quase foi preso, enfrentou imensas dificuldades, mas jamais esmoreceu, e finalmente conseguiu entregar a mensagem ao general Garcia.

O texto da mensagem não importa, o que valeu foi o ato de entregá-la. A história é um pouco criticada porque sugere obediência cega, submissão à autoridade, mas também é uma homenagem ao comprometimento, coisa que falta, e muito, por aí.

Hubbart endereçou expressões fortes às pessoas sem atitude, como "atrofia da disposição", "inépcia moral", "invalidez da vontade", e por aí vai. Já para pessoas como o tenente Rowan, sugeriu que se erguessem estátuas em bronze, pois fazer parte da solução e não do problema, segundo ele, é um verdadeiro ato de heroísmo.

A insatisfação

Como podemos ver, o tema "performance" não frequenta só as empresas, mas está presente na literatura. E, claro, no esporte. Desde os gregos antigos o esporte não é apenas divertimento. É também superação. Assim como nós contamos o tempo a partir da data que se convencionou ser a do nascimento de Jesus, os gregos usavam uma data inaugural, o inicio dos jogos olímpicos. Tão importante era para eles a ideia do cada vez mais forte, mais rápido e mais alto.

A cada quatro anos os gregos se reuniam na base do Monte Olimpo, que eles acreditavam ser a morada dos deuses, politeístas que eram. O propósito era mostrar para os deuses que eles, homens, estavam fazendo sua "lição de casa" e estavam, de alguma forma evoluindo. Temiam os castigos ao não conseguir provar que se tornavam melhores com o passar do tempo. A forma mais prática de provar era melhorar a performance desportiva, então procuravam correr cada vez mais rápido, saltar cada vez mais alto e levantar cada vez mais peso – *Citius, Altius, Fortius*. Com o tempo foram incluindo esportes, como a luta, a equitação e o arco e flecha.

Passam os séculos e a essência dos jogos olímpicos se mantém. A cada quatro anos recordes são batidos. Ficamos, então, nos perguntando: "Qual o limite do ser humano?", e não encontramos a resposta. Pessoas e equipes consideradas de alta performance são aquelas que, de certa forma, testam seus limites. São insatisfeitas, ativas e otimistas.

Por isso mesmo, é uma responsabilidade desenvolver e liderar uma equipe de alta performance. Um alta performance é alguém capaz de trabalhar com comprometimento total, e dar o melhor de si pelos objetivos da organização. Um colaborador alta performance é aquele cujos olhos brilham quando a empresa tem sucesso e enfurece-se quando ela perde *market share*. Neste caso, sente como se fosse uma ofensa pessoal, então empenha-se inteiramente e não mede esforços para reverter a situação.

O alta performance é um apaixonado que sofre com o sofrimento da amada e se alegra com seu sucesso, por isso não tolera quedas de rentabilidade e vibra com o lucro crescente. Os apaixonados vestem a camisa da empresa no coração, e não se contentam com o segundo lugar, querem sempre a *pole position*.

Por outro lado, temos que aceitar a responsabilidade que vem junto com as paixões desenvolvidas. Pessoas alta performance são exigentes e não gostam de situações estáveis. Querem a evolução da empresa em ritmo sempre crescente. São irrequietas, insatisfeitas, preocupadas. Não entendem aqueles que se acomodam em suas tarefas sem buscar alternativas e novas possibilidades. Doam-se, mas exigem ser ouvidos, querem melhores condições de trabalho, novos desafios, mais responsabilidades. São empreendedores, autônomos e inovadores. São curiosos, transgressores e, às vezes, insolentes.

Apesar disso, queremos as pessoas assim, porque é delas que nasce a vida nova, o brilho da criação, a poesia do sucesso. Estamos dispostos a ser incomodados pelos apaixonados pelos desafios porque eles nos tiram da zona de conforto e nos empurram para novos caminhos. Preferimos o risco de sermos contrariados por um alta performance ao risco de vermos nossas ordens serem meramente acatadas por um acomodado.

Comprometimento, a chave

Uma piada popular conta que, em uma omelete com bacon, a galinha está envolvida, já o porco está comprometido.
No mundo do trabalho, comprometer-se com uma empresa, uma tarefa ou uma missão, as coisas não são bem assim.
Não cobra a vida do membro da equipe.
Estar comprometido é colocar-se inteiro na atividade.
Como conseguir o comprometimento das pessoas é tema sensível na nova gestão.

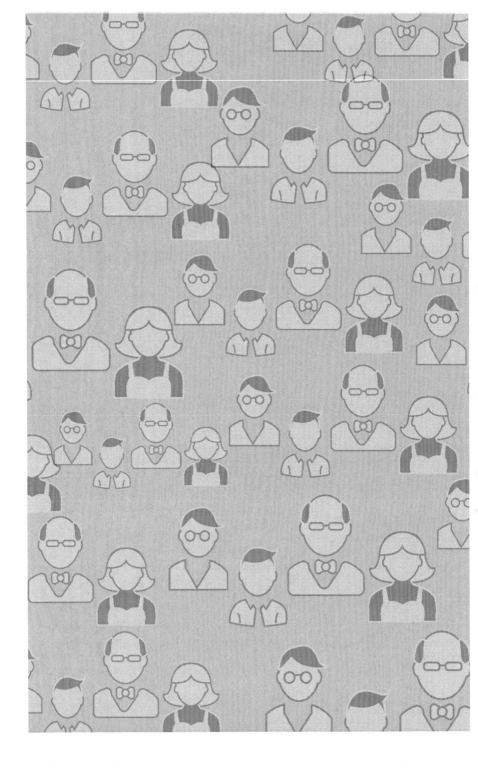

ão combina muito comigo, mas meu primeiro emprego foi em um banco. Eu era ainda garoto, totalmente despreparado para a vida, principalmente para a vida bancária, organizada, metódica, exigente. Mas valeu, porque, hoje, não tenho dúvida quanto ao poder pedagógico dessa experiência.

Tirei desse tempo vários aprendizados, inclusive o de que não era essa a vida que eu queria para mim. Um de meus mestres, naquela escola de disciplina, foi o Sr. Edson, contador, protótipo do "guarda-livros", como se chamavam os contabilistas antigamente. Era quase totalmente calvo, usava óculos na ponta do nariz e costumava guardar um lápis acomodado sobre a orelha direita, mesmo sem nunca utilizá-lo. Não aprendi contabilidade com ele, mas fiquei sabendo o que significa **comprometimento**:

— Menino, você só vai fazer um trabalho bem-feito se estiver comprometido com ele – disse-me certo dia, severo.

Na época, não avaliei a profundidade do seu conselho, mas é evidente que ele queria dizer que eu não estava correspondendo à sua expectativa, que era inadequado para a função e que devia repensar minha opção de ser bancário. Sábio conselho. De fato, eu não estava comprometido porque não era o que eu realmente queria fazer.

COM GENTE É DIFERENTE

Ao longo da minha vida voltei a me encontrar várias vezes com o tema do tal comprometimento. Uma ocasião muito mais grave foi quando recebi um fora de uma namorada que resumiu assim a causa do rompimento:

— Você simplesmente não está comprometido com o nosso namoro.

Será que ela disse isso só porque eu preferia, no domingo à tarde, ir ao futebol com meus amigos do que ir ao cinema com ela? Ou porque eu me atrasava para nossos encontros, inclusive, cheguei a me esquecer de um deles por ter ficar lendo um livro novo? Suprema incompreensão...

Comprometimento e orgulho

Os dois exemplos anteriores mostram situações em que eu não estava comprometido com a relação, seja de trabalho, seja de namoro, mas é claro que eu também coleciono passagens em que estive profundamente comprometido, tanto com atividades quanto com pessoas. E foram estas as ocasiões em que eu fiz coisas que deram certo e que valeram a pena.

Quando garoto, o Paraná pegou fogo. Uma longa estiagem secou os campos e alguns pequenos focos de incêndio se transformaram numa tragédia de grandes proporções. A fumaça e a fuligem chegavam até Curitiba, sujavam as ruas e faziam os olhos das pessoas arderem.

Eu estudava no Colégio Bom Jesus e fazia parte do grupo escoteiro. Um professor, que também era chefe escoteiro, convocou todos os jovens a fazer alguma coisa a respeito da catástrofe do nosso Estado. Movidos pelo respeito que tínhamos pelo professor e pelo senso de responsabilidade que ele foi capaz de despertar em nós, fomos à luta. Constituímos uma força-tarefa e saímos pela cidade conseguindo doações de roupas, remédios e mantimentos. Também criamos um albergue para as crianças que eram enviadas para a cidade pelos pais que permaneciam tentando salvar suas propriedades. O resultado impressionou até o governador, que mais tarde se referiu ao "espírito de comprometimento" daqueles jovens estudantes, com a causa da reconstrução das regiões atingidas pelo incêndio. Sinto orgulho daquilo.

Muitos anos depois, trabalhando como consultor de empresas, volto a me deparar com o fenômeno do comprometimento, pois, assim como aquele contador e o chefe escoteiro, os gestores modernos estão interessadíssimos em formar equipes com pessoas comprometidas. Então surge a pergunta de um milhão de reais: afinal, é possível entender o fenômeno do comprometimento, e providenciar para que as pessoas se comprometam com uma causa, uma missão, um trabalho ou mesmo com uma relação?

Construindo comprometimento

Então, vamos direto ao "segredo do mistério". Ainda que haja variações, as pessoas costumam responder favoravelmente a alguns fatores que determinam o comprometimento. Os principais são cinco:

- **Admiração.** Sentimento gostoso de sentir e de provocar. Fundamental para qualquer tipo de relação, a admiração provoca o desejo de permanecer junto à pessoa admirada ou de empenhar-se numa tarefa cujo resultado se admira. Não conseguimos nem permanecer ao lado de alguém que não admiramos nem conseguimos ser eficientes trabalhando numa empresa cujos valores não provocam em nós nenhuma admiração.

COM GENTE É DIFERENTE

- **Respeito.** Não há comprometimento sem respeito, e ele deve ser mútuo. Deriva da admiração, e dá o passo seguinte.
- **Confiança.** Só confiamos em quem admiramos e respeitamos. E só nos comprometemos com alguém se confiamos nele.
- **Paixão.** Esse sentimento surge com frequência por alguém a quem admiramos, respeitamos e em quem confiamos. Simples assim.
- **Intimidade.** Sim, pois queremos ficar ao lado da pessoa por quem estamos apaixonados, convivendo e misturando nossa vida com a dela. Também podemos nos apaixonar por causas, empresas e, claro, times de futebol. E, com eles, queremos continuar convivendo, sendo íntimos.

Pronto. Se existirem essas cinco condições básicas, o comprometimento será mera consequência. Se um casal com problemas de relacionamento procura um terapeuta, verá que ele não questiona o comprometimento em si, e sim as cinco condições anteriormente descritas, pois, se uma delas for deficiente, prejudicará o comprometimento que sustenta o casamento.

Essas condições, que sustentam a relação entre duas pessoas, também garantem a boa relação das pessoas com a empresa onde trabalham, com uma instituição que colaboram, com um grupo de amigos de fim de semana, com a igreja que frequentam, com o time para o qual torcem, e assim por diante.

Uma análise cuidadosa nos remete a uma situação circular: uma relação só vale a pena se as partes estiverem verdadeiramente comprometidas com ela; e as pessoas só se comprometem com uma relação se ela valer a pena.

Eu e Tu

Com algumas variações, esse tema já foi abordado por vários pensadores interessados na alma humana. Um deles foi o austríaco Martin Buber, que morreu em 1965, e deixou uma obra comumente chamada *A filosofia do diálogo*. Segundo ele, as relações humanas acontecem baseadas em princípios que originam dois tipos básicos, que podem ser denominados relações do tipo *Eu-Tu* ou do tipo *Eu-Isso*. No primeiro caso (*eu* e *tu*), há verdadeiro comprometimento entre as pessoas envolvidas. No segundo, a relação é impessoal, e não gera o comprometimento verdadeiro.

Buber não é um escritor conhecido do grande público. Nasceu em Viena, em 1878, e foi criado pelo avô Solomon, um importante estudioso de hebraico. Ele escreveu mais de oitenta livros, especialmente sobre o hasidismo, um movimento judeu do século XVIII, e que é inspirado na cabala. Entre seus livros, o mais conhecido chama-se exatamente *Eu e Tu*. Apesar de ser quase restrito a meios acadêmicos, está relacionado entre os cem livros mais influentes de toda a história da literatura.

Ele alerta para o fato de que uma relação do tipo *Eu-Tu* corre o risco de virar *Eu-Isso*, se não houver investimento sério em sua manutenção. E, nesse investimento, duas práticas são fundamentais: *saber ouvir* e *saber receber*. Como essas qualidades estão em baixa – o mais comum é saber falar e saber pedir –, na sociedade contemporânea assistimos a um crescimento exponencial de relações do tipo *Eu-Isso*. Já em 1920 Buber alertava para o risco da falta de espaço para as relações *Eu-Tu*, provocado pela despreocupação crescente com a qualidade do diálogo.

Bem mais perto de nós, no tempo e no espaço, Vinicius de Moraes escreveu seu *Soneto do Amor Eterno*, e explicou

COM GENTE É DIFERENTE

o que é a essência da relação *Eu-Tu*, ou ainda, a essência do comprometimento:

Que não seja imortal, posto que é chama,
Mas que seja infinito enquanto dure.

O poeta tocou no ponto certo. Comprometimento não é construir relações eternas, mas relações infinitas; e se a relação for infinita, então terá chance de ser eterna.

Gente de atitude

Ter atitude é agir quando necessário sem esperar o comando ou a solicitação. Gente de atitude faz o que é necessário, resolve problemas, antecipa soluções, previne dificuldade, eleva o patamar da organização a que pertence. Não há quem não queira gente de atitude em sua equipe.

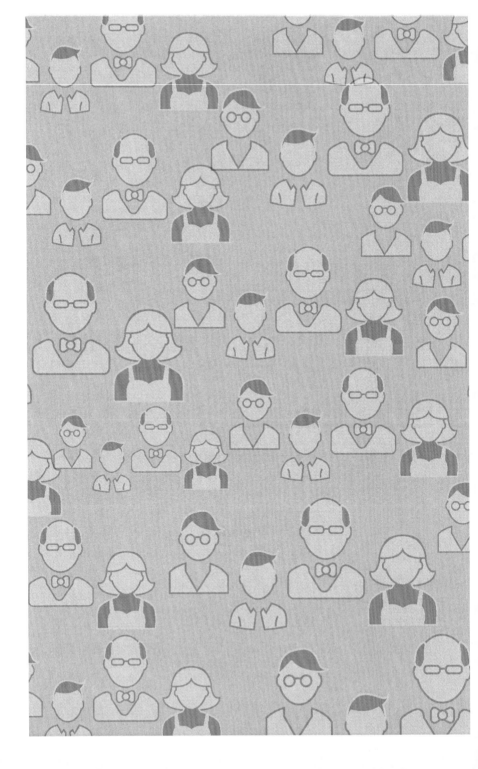

— E você, tá fazendo o quê a respeito disso?

Adorei ouvir essa pergunta. Ela foi feita por meu amigo João a um sujeito, que chamarei de Carlos, numa roda animada de fim de tarde de sexta-feira. Já se disse que uma mesa de bar é um território livre, um lugar quase sagrado, em que as inibições são dissolvidas no álcool, as opiniões são declaradas sem medo, as ideias são discutidas com fervor, os sonhos são expostos sem pudor e, no final, tudo termina no penúltimo chope.

Além disso, uma mesa de bar deve respeitar a premissa da alegria, da descontração, do *fair play*. Nada mais chato do que a presença de alguns tipos, entre eles os "donos da verdade" e os "de mal com a vida". E o problema é que, muitas vezes não há como evitá-los e, pior, esses dois entes, com frequência, habitam o mesmo corpo. O tal Carlos era uma dessas almas penadas.

Ele fez sua análise sociopolítica e econômica de nosso tempo usando vocábulos enfáticos, como incompetência, semvergonhice, corrupção, violência, descaso, apimentados por adjetivos grandiloquentes, tais como irrecuperável, destrutivo, atrasado, imensurável e, pasme, apocalíptico. Quando alguém esboçava uma opinião contrária, ele dizia: "Você não sabe o que fala"; e, se alguém concordava, ele complementava: "É pior do que você pensa". Eu não sabia se pedia mais um chope, se ia embora ou me suicidava com a faca de cortar queijo.

COM GENTE É DIFERENTE

OK! Os assuntos de nosso tempo merecem, sim, discussão, tomada de posição, elaboração de propostas. Outro tipo a ser evitado é o alienado que parece viver em outro planeta, alheio a tudo. O problema não é o assunto. O problema é a forma. Era evidente que o comensal em questão tinha como objetivo apenas regurgitar revolta, e não acender alguma luz. Foi quando o João, calmamente, fez a pergunta que abre este texto: "E você, tá fazendo o quê a respeito disso?".

O que se seguiu for relativamente cômico, pois o relato de "o que ele fazia a respeito" não convenceu a ninguém, nem a ele mesmo. Aliás, acabou resumindo, pois seu papel não era fazer nada mesmo, apenas denunciar. E já estava fazendo muito. Não, meu caro, você não está fazendo nada, além de tornar desagradável a mesa do bar, que existe para sermos felizes. Longe de mim achar que não devemos encarar as mazelas de nosso tempo, com a cara limpa e o olhar atento. Só acho que poderíamos, quem sabe, reclamar um pouco menos e fazer um pouco mais.

Além da responsabilidade

Mas, fazer o quê, se não temos poder de polícia nem somos legisladores, juízes, autoridades? Fazer o que está ao nosso alcance, ora. O planeta, o país, a cidade, esses espaços cheios de problemas, poderiam ser divididos em áreas de influência, em pequenos territórios em que cada um de nós pudesse agir como um capitão da mudança, do cuidado e da civilidade. Podemos mudar o melhorar pela atitude e pelo exemplo. Pode parecer ingênuo, mas não há outro caminho. A denúncia é necessária, mas a atitude é imprescindível. Tudo começa pela disposição para assumir uma parcela da responsabilidade.

No início do texto eu me referi a personagens inspirados em duas pessoas. Na vida real, João se chama João Cordeiro. Ele acaba de lançar um livro (Editora Évora) que gostei muito, e recomendo. O título está em inglês, *Accountability*. Por que ele não traduziu? Simples, porque essa palavra não tem tradução literal. O mais próximo seria responsabilidade, mas, para isso, há a palavra *responsibility*. *Accountability* é mais que *responsibility*. Em resumo, ser responsável significa assumir responsabilidade, já, ser *accountable* significa procurar a responsabilidade a assumir.

O livro tem um tom corporativo, dirigido aos profissionais, jovens executivos, líderes de equipe, mas a aplicação do conceito é universal. Pessoas *accountables* são bem-vindas nas empresas, nas escolas, na rua, em casa. Mitos gregos, parábolas bíblicas, pesquisas psicológicas, *cases* empresariais e até o Homer Simpson ilustram a obra. Aliás, a frase deste personagem abre um capítulo: "A culpa é minha e eu ponho em quem eu quiser!".

Criado pelo norte-americano Matt Groening, o personagem é o Macunaíma moderno. Apesar de simpático, representa o que há de pior em termos de civilidade. Nunca a culpa é dele e nunca será dele a atitude positiva. É um exemplo bem-acabado de "desculpability". Os portadores dessa síndrome são os que mais usam expressões como "Alguém precisa fazer alguma coisa", "Isto não é comigo", "Só fiz o que me mandaram", "Eu não sabia", "Esse problema não é meu", "Já deu meu horário", e por aí vai.

O livro deixa claro que a atitude *accountable* pode ser aprendida. Deveria, isto sim, ser ensinada nas escolas, tem o mesmo valor do que aprender matemática para a construção de uma vida digna e bem-sucedida. Aliás, diz o texto, assumir responsabilidades não dá garantia de sucesso, mas não se conhece alguém bem-sucedido que não tenha assumido responsabilidades. É, dá pra pensar.

COM GENTE É DIFERENTE

Atitudes transformadoras

Enquanto escrevia este texto, a sincronicidade – aqueles acontecimentos coincidentes que têm relação apenas significativa, e não causal, tão explorada por Jung – se fez presente.

Primeiro, recebi um *e-mail* do meu amigo Zé Pescador contando sua luta contra o coral-sol, uma espécie de coral que está se proliferando rapidamente em nosso litoral, especialmente na Bahia e no Rio de Janeiro. Apesar de belo, é uma praga, pois destrói outras espécies de coral e põe em risco todo o ecossistema. O coral-sol é nativo do Timor Leste, e veio para o Brasil aderido ao casco de plataformas de petróleo na década de 1980.

Zé Pescador, que fundou há anos a Pró-Mar, uma ONG de educação ambiental na ilha de Itaparica, pode ser visto todos os dias mergulhando com um martelo e um cinzel para remover o máximo que possa do coral intruso, dando, assim, um alento de sobrevivência para os demais. Já vi o Zé reclamar da falta de recursos e das autoridades – agora mesmo, diz ele em seu e-mail, acaba de chegar mais uma plataforma de petróleo à Baía de Todos os Santos, cheia dessa praga – mas nunca o vi derrotado.

Zé Pescador dá ótimas palestras pelo Brasil sobre esta e outras iniciativas, suas e de outros não acomodados. Em uma época em que o tema sustentabilidade entrou para o vocabulário das pessoas lúcidas e das empresas conscientes, ouvi-lo faz um bem tremendo. Com suas palavras, Zé aumenta a consciência da população e das autoridades, mas é com sua atitude que ele convence, comove e cria seguidores. Hoje, outras pessoas o ajudam. Se eles pararem, a fauna, que resiste desde a chegada de Cabral, estará seriamente ameaçada.

A segunda coincidência deu-se quando recebi a revista *Veja* com um encarte sobre Curitiba, em comemoração dos

321 anos da minha cidade de origem, de onde saí há tanto tempo, mas que ainda ocupa espaço importante em meu afeto. Uma das seções tem o sugestivo título de *Curitibanos nota 10*, e se refere a pessoas que têm "atitudes transformadoras". A capital do Paraná é conhecida por suas soluções urbanísticas, iniciadas na década de 1970 pelo então jovem prefeito Jayme Lerner, cujas ideias só prosperaram porque contaram com a participação dos cidadãos. Se não de todos, pelo menos da maioria, os que separam lixo, preservam o patrimônio público, respeitam as filas. Os curitibanos nota 10.

Um dos textos conta a história do engenheiro Napoleão Chiamulera que começa seus domingos semeando mudas pela cidade. Já plantou mais de mil árvores, sendo a metade de araucárias, o pinheiro paranaense e demais de espécies frutíferas. Abaste-se de mudas no Instituto Ambiental do Paraná, planeja os locais, prepara o solo e deixa sua marca ao longo da ciclovia do bairro do Hugo Lange, que, aliás, ganhou esse nome em homenagem a um médico da região, conhecido por suas ações comunitárias.

Pensei muito no engenheiro curitibano hoje de manhã, quando pedalei na ciclovia da Marginal Pinheiros, uma boa obra da Prefeitura de São Paulo, mas que, além de boa, seria bela, se tivesse uma mata ciliar exuberante em toda sua extensão. Mas, será que a responsabilidade é só da Prefeitura? E nós, que somos os usuários e verdadeiros donos desse espaço? E você, Carlos? E eu, estou fazendo o quê, além do que pagam para ser feito?

Não quero ser injusto. Comentei duas atitudes transformadoras, mas há outras. Há milhares de homens e mulheres espalhados pelo Brasil e pelo mundo dando bons exemplos, às vezes seguidos, outras vezes apreciados, às vezes ignorados. Ainda bem. São eles que criam o fluxo positivo, um movimento que impede o mundo de estagnar na apatia e na indiferença. Heróis do cotidiano. Os mais necessários.

Sobre responsabilidade

Provavelmente a principal marca de um indivíduo adulto é sua disposição e prontidão para responder por seus atos e suas escolhas.
A isso chamamos responsabilidade.
No âmbito do trabalho, esta qualidade é muito desejada, mas nem sempre encontrada. Como fazer para que as pessoas sejam responsáveis de verdade é de interesse da Gestão de Pessoas.

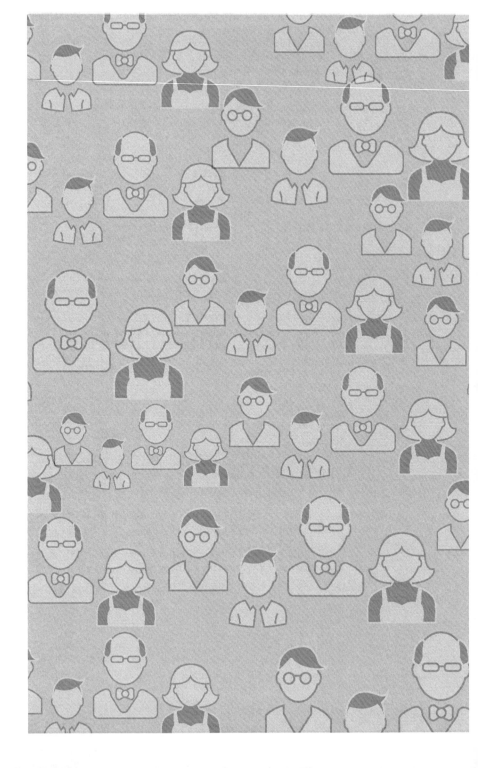

o começo do século XVII, os habitantes da região italiana da Toscana já estavam se acostumando com as esquisitices de um sujeito chamado Galileu Galilei. Era craque em matemática e física e obcecado por entender os mistérios do universo. Uma passagem curiosa a seu respeito é aquela em que ele subia à torre inclinada de sua cidade natal – Pisa –, e de lá jogava coisas de tamanhos e formas diferentes, tentando entender por que e como caíam. Descobriu, por exemplo, que a massa não influi na velocidade da queda de um objeto e que ela aumenta à medida que ele despenca – mas isso só interessa aos cientistas.

Diz a lenda que, após uma de suas experiências sobre a queda dos objetos, Galileu observava pensativo os restos de um ovo estatelado na calçada da Praça dos Milagres quando foi interpelado por uma velhinha que lhe perguntou o que estava fazendo. "Estou tentando entender por que este ovo caiu da torre", disse ele. "Eu sei por que ele caiu", emendou a mulher: "Porque você o soltou".

Essa história engraçada coloca juntas as duas causas que costumam desencadear os fatos da natureza e também da vida humana: a causa que determina e a causa que predispõe. O que determinou a queda do ovo foi a ação da gravidade; o que permitiu que isso acontecesse foi o fato de Galileu ter aberto a mão e soltado o ovo. Da mesma maneira, sempre há uma causa externa e uma causa interna para os fenômenos que acompanham a vida humana. O correto é dar crédito merecido a ambos os fatores, mas temos a imensa tendência a valorizar um e minimizar o outro, de acordo com nossas conveniências. Costumamos atribuir nossas conquistas às nossas virtudes; já nossos fracassos não têm nada a ver com nossos defeitos, e sim com fatos alheios, verdadeiras traições do destino.

Nesta semana em que estou escrevendo este capítulo, pude observar pelo menos três fatos que ilustram bem essa tendência de autopreservação do ego. Um amigo querido chegou com mais de uma hora de atraso a um compromisso que tinha comigo e, após me cumprimentar, passou a culpar o trânsito por seu atraso, e não à sua já conhecida e folclórica despreocupação com os horários e com o tempo dos demais. Outro fato, um investidor da Bolsa de Valores perdeu dinheiro com a dança dos números, e imediatamente atribui o prejuízo à "mão invisível do mercado", e não à sua análise incorreta das tendências.

Nestes acontecimentos, fui o espectador, mas há pelo menos um em que fui o grande protagonista. Estou entregando este texto com atraso e, quando o querido editor responsável por este livro me ligou, suavemente, cobrando, comecei logo a dizer que ainda não entregara porque estava viajando, os aviões andavam atrasados, o excesso de trabalho estava me matando... É o mesmo que dizer: "A culpa não é minha. A culpa é da minha vida e não tenho controle sobre ela". Pode?

Você é meu inferno

Cada pessoa tem seus próprios planos na vida. Em busca de realizá-los, vai executando ações que modificam o mundo a seu favor. Até aí, tudo bem. O problema é que todos nós fazemos isso e, claro, sempre haverá a possibilidade de que aquilo que alguém faça para atingir seus objetivos entre em conflito com o projeto de outra pessoa. É por isso que Sartre dizia que "O inferno são os outros". Mesmo levando em consideração o mau humor do existencialista francês, temos de aceitar que ele tinha lá alguma razão, mas também não podemos deixar de atribuir a esse pensamento uma carga de transferência de responsabilidade. Às vezes as pessoas criam seus infernos particulares e atribuem a autoria a outrem.

Todos nós já vivemos situações em que foram as atitudes de alguém – o vizinho, o namorado, o chefe ou o presidente da república – que acenderam o fogo que arde a panela de pressão de nossa paciência. Criaram o inferno em que estamos pagando por nossos pecados. OK, concordo! Mas também concordo que muitas vezes fomos nós mesmos que riscamos o fósforo, e os outros apenas entraram com a palha seca. Ou vice-versa.

Ninguém está livre de ter esse comportamento transferidor de responsabilidade; o problema é que ele pode se transformar em um padrão. Quem jamais, ou quase nunca, admite ter construído seus insucessos, carrega consigo sentimentos de frustração, de impotência e de injustiça. Frustração porque vê seus planos falharem. Impotência porque como não se atribui a culpa, sente-se incapaz de agir sobre seu próprio destino. Injustiça porque não se considera merecedor do infortúnio, uma vez que, em sua opinião, ele não é o autor.

A psicologia, que está sempre buscando explicar o comportamento humano, cunhou a expressão "projeção" para explicar essa tendência de transferir responsabilidades que todos nós temos, em graus variados. E colocou a projeção em um grupo de comportamentos chamados "mecanismos de defesa". A parte da estrutura psicológica chamada ego

COM GENTE É DIFERENTE

muitas vezes recusa-se a reconhecer impulsos de seu vizinho, o id. Como sabemos, essa é a parte da mente humana mais primitiva, regida pelo impulso do prazer, e que busca permanentemente a satisfação imediata das necessidades e o apaziguamento das tensões. Obedecendo a esses impulsos primitivos, muitas vezes fazemos coisas, bem como deixamos de fazer outras, que nossa própria moral reprovaria. É quando entra em ação o ego, que é regido pelo princípio da realidade.

Quando adultos, não podemos mais simplesmente cair no choro e sapatear quando somos contrariados ou repreendidos. As crianças fazem isso porque são comandadas pelo id. Nos adultos, o ego assume o comando e a responsabilidade. Entretanto, às vezes o golpe é muito forte para um ego ainda não totalmente estruturado. Nesse caso, ele projeta a culpa para fora de si, isentando-se, e, claro, incriminando alguém. Freud explicou!

Inocente ou impotente?

Dizem que essa tendência de transferir responsabilidades é maior entre nós, latinos. O argentino Fredy Kofman, PhD pela Universidade de Berkeley e professor nos Estados Unidos, observou isso e comenta que se interessou pelo assunto quando seu filho de 5 anos um dia dirigiu-se a ele dando origem a um diálogo bizarro mas pra lá de esclarecedor:

— Pai, sabe aquele carrinho que você me deu ontem?

— Sim, o que tem ele?

— Pois é, pai. Ele se quebrou.

— Como assim? Ele se quebrou sozinho? Então ele cometeu suicídio?

— Foi, pai. Foi diante dos meus olhos. Foi horrível!

Pense quantas vezes você mesmo, como o pequeno protagonista da história anterior, transferiu a responsabilidade até para objetos inanimados. Pessoalmente, tenho vários episódios, confesso. Quando estudei nos Estados Unidos, ainda muito jovem, consegui comprar um carro, um pequeno e econômico Ford Pinto. Certa vez, em uma das muitas *freeways* californianas, o valente carrinho de repente começou a tossir, sacudir-se todo até que acabou parando. Motivo? Falta de gasolina. Maldição! – disse eu, sem saber exatamente a quem estava dirigindo o impropério.

Em menos de dois minutos um carro da polícia encostava ao meu lado, e quando o policial perguntou o motivo de estar eu parado em local proibido, disse-lhe algo como: "Não tive culpa. A gasolina acabou". "Então de quem é a culpa?", respondeu o agente da lei por trás de seus óculos *Ray-Ban*. E aí ele fez três coisas. A primeira deu-me alívio; a segunda, vergonha; e a terceira, prejuízo: levou-me até um posto de serviços para que eu providenciasse o combustível, depois me repreendeu por meu ato imprudente de entrar numa *freeway* sem verificar o combustível e me aplicou uma imensa multa.

Durante muito tempo me envergonhei do acontecido. Hoje o encaro como um imenso aprendizado. Naquele momento eu me achava inocente. Na verdade, estava impotente. Aliás, este é o preço da inocência – a impotência. Se você deseja ter sua vida sob controle, o preço é outro – a responsabilidade.

Transferir a responsabilidade aos outros traz um falso conforto momentâneo, que termina por se transformar em vergonha com o passar do tempo. Uma análise mais cuidadosa de qualquer acontecimento negativo em nossa vida, sempre vai salientar nossa participação ativa no episódio.

COM GENTE É DIFERENTE

E mais, muito mais, do que gostaríamos de admitir. Seu namorado a deixou porque é um crápula ou porque você não investiu na relação nem em você mesma? O emprego não aparece porque o mercado de trabalho está ruim ou porque seu currículo não ajuda? Você não passou no vestibular porque a concorrência era muito grande ou porque você não estudou o suficiente?

É claro que sempre há, lembre-se, os fatores determinantes e os predisponentes a qualquer acontecimento. Pode ser que um fator determinante esteja fora de si, mas que você ajudou com um ou mais fatores predisponentes. Ah!, isso lá, ajudou. Confesse! É verdade que o mercado está ruim, mas também é verdade que seu currículo não está ajudando. É real que o vestibular é difícil e concorrido, entretanto, é ainda mais real que você não se preparou o suficiente. Todos sabem que os rapazes são inconstantes, porém todos sabem também que ele não foi estimulado a permanecer nessa relação, pela maneira como você se cuida e pela maneira como o tratava. Só que ninguém diz nada.

Transferência de culpa

Em Quebec, Canadá, o jovem Otto cometeu um assassinato. Escondeu de todos, mas, com medo de Deus, confessou o crime ao padre Michael Logan. Este, cioso de seus votos, guarda o segredo. Só que o inspetor Larrue, no decorrer das investigações, encontra indícios que incriminam o próprio padre, que é preso e levado a julgamento.

Este é o enredo de *I Confess*, um dos filmes menos conhecidos de Alfred Hitchcock. Bem a gosto do velho cineasta, mistura suspense com drama psicológico. Durante uma entrevista, em 1954, Hitchcock diz que não gostou do resultado desse filme, quando então foi interrompido pelo crítico

André Bazin, que lhe disse ter percebido no filme essa forte característica humana de transferir a culpa para evitar a dor. O cineasta então se desconcertou e se surpreendeu com essa marca psicológica que ele mesmo não havia percebido em sua obra, a ponto de passar a usá-la outras vezes, como nos clássicos *Cortina Rasgada* e *Janela Indiscreta*, outras de suas produções geniais.

No fim do filme, Otto confessa seu crime. É o que acontece com todos nós que, mais cedo ou mais tarde, acabamos confessando nossas culpas, culpinhas ou culponas. E não as confessamos, necessariamente, para os outros, e sim para nós mesmos, que é o que mais interessa ao nosso crescimento e ao nosso bem-estar. Já aconteceu com você, não é mesmo? E vai acontecer de novo...

As leis que se aplicam a esses fenômenos físicos só foram enunciadas anos depois por Issac Newton que, aliás, nasceu em 1642, ano em que Galileu morreu. Foi o gênio inglês que explicou a gravidade que o italiano tentava entender. Foi Newton quem introduziu a noção da gravidade e enunciou as leis da gravitação universal. Anos depois, quando o rei inglês Guilherme II caiu do cavalo e morreu, um dos inimigos de Newton (e ele tinha muitos) o acusou de ter inventado a lei que matara o rei.

A desejada autonomia

Ser autônomo não significa apenas fazer o que se deseja. Significa também fazer o que os outros desejam que você faça, mas porque você entendeu o motivo e o considerou adequado, necessário e justo. Pessoas autônomas são responsáveis, e buscam, acima de tudo, a autoaprovação.

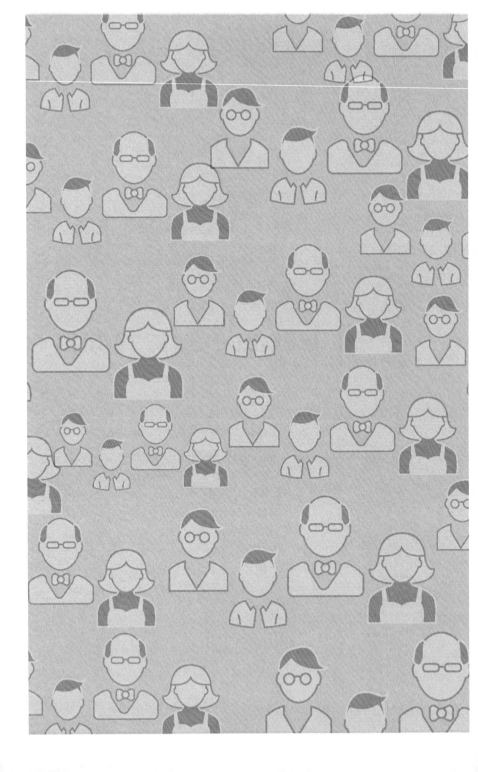

— Desculpe-me incomodar, mas meu cartão magnético não está mais abrindo a porta do meu apartamento. Será que você poderia fazer o favor de abri-la para mim? Eu estava hospedado em um hotel de arquitetura horizontal. Daqueles com longos corredores onde o hóspede não tem alternativa senão preparar-se para caminhar um bocado até chegar às suas acomodações, muitas vezes adiando seu merecido descanso.

Era sábado, por volta da primeira hora da tarde; eu tinha terminado de conduzir um seminário e estava louco para voltar para casa. Minha ambição pessoal era simplória, mas urgente: fechar a mala e correr para o aeroporto. Mas, para meu desalento, a porta recusou-se a abrir, pois as chaves magnéticas esgotam seu poder de Sésamo ao meio-dia ou, no máximo, meia hora depois.

Desolado, eu me preparava para enfrentar uns trezentos metros de corredores e escadas, quando percebi que havia uma funcionária do hotel saindo do quarto ao lado, então lhe fiz a solicitação para que abrisse a porta para mim, a qual ela respondeu, com a superioridade pretensiosa das pequenas autoridades:

— Lamento, senhor, mas terá de ir até a recepção pedir que seu cartão seja recarregado.

COM GENTE É DIFERENTE

— Entendo, mas você não pode me ajudar? Sou um cliente do hotel e estou com um problema! – argumentei, esperando, como resposta, uma atitude de solidariedade e de competência. Vã esperança!

— Não, não posso fazer nada. É uma norma do hotel, e não está ao meu alcance resolver esse tipo de problema. Meu trabalho é verificar o consumo do frigobar.

A funcionária era uma seguidora de normas. OK. Não há nada de errado em seguir normas; ao contrário, pois lugares sem leis, normas ou regulamentos são desorganizados, anárquicos e ferem os princípios mais básicos da civilização. Entretanto, a absoluta incapacidade de interpretar a norma e adaptá-la a uma situação particular demonstrava que tal funcionária era uma pessoa limitada. Era heterônoma, alguém que só obedece às ordens e às determinações de seus superiores, sem nenhum alcance, sem liberdade de pensamento, sem opção. Sem autonomia! Uma pessoa assim é conformada, ou seja, foi colocada em uma forma que definiu seu molde, e assim ela o será, até que alguém, eventualmente, a coloque em outro recipiente delimitador.

Autonomia e responsabilidade

É claro que se ela simplesmente abrisse a porta, sem se certificar de que eu era mesmo o hóspede daquele quarto, estaria desrespeitando uma norma de segurança, correta e necessária. Mas, convenhamos, ela tinha opções. Podia, por exemplo, solicitar-me um documento, consultar a recepção pelo telefone e resolver a questão em um minuto, deixando um hóspede aliviado e satisfeito. Mas não. Ela achava que não podia fazer isso porque seu trabalho era verificar geladeiras, e não ajudar hóspedes em dificuldades.

Essa limitação é extremamente comum em ambientes de trabalho que privilegiam a obediência em detrimento do pensamento. Uma política que desconfia das pessoas. Uma empresa assim não acredita que seus funcionários sejam comprometidos e responsáveis. Trata seus colaboradores como peças de máquina, partes de uma engrenagem mecânica que têm funções específicas e não podem ultrapassar seus limites, mesmo que isso não colabore para o funcionamento ideal do todo, do conjunto harmônico da organização. É melhor não tentar do que se arriscar a errar, reza essa cartilha ultrapassada, cujo bolor só poderia ser espanado pela lógica alegre da educação moderna.

Obviamente, eu me queixei ao recepcionista do hotel, a quem tive de recorrer após caminhar pelos infindáveis corredores. Ele, por sua vez, comunicou o gerente do hotel, que depois me procurou, dizendo:

— Professor, soube que o senhor teve um problema com uma funcionária do hotel.

— Não. Eu tive um problema com o hotel – argumentei, deixando-o perplexo, pois, aparentemente, não se havia dado conta de que, naquele momento, a funcionária "era" o hotel.

— Pois é, professor – retrucou o gerente –, temos dificuldade de contar com bons funcionários nesta cidade, apesar de todo o treinamento que recebem.

Resolvi, então, ajudar o desconsolado e desorientado gerente:

— Esse é o problema, meu caro. Você não deve apenas treinar, deve educar. Treinamentos desenvolvem habilidades específicas; educação ensina a pensar. O treinamento faz obedecer a ordens cegamente e gera, como consequência, pessoas heterônomas, dependentes. A educação desenvolve pessoas pensantes, responsáveis, autônomas.

COM GENTE É DIFERENTE

Disse isso e me despedi, deixando para trás um gerente atônito com essa nova visão de gestão de pessoas e desenvolvimento humano. Cumpri com minha missão de educador: semeei a dúvida, a curiosidade e o inconformismo.

Os degraus da autonomia

A propósito dos educadores, a psicóloga paulista Renata Jubram, mestre em educação, arte e história, autora do livro *Inteligência ou inteligências?* – *da eugenia à inclusão* (Ex Libris), ao debruçar-se sobre o tema do julgamento moral das pessoas e da sociedade terminou por encontrar as pesquisas do psicólogo norte-americano Lawrence Kohlberg. Ela explica que ele identificou seis fases de amadurecimento entre um estado de total heteronomia, em que a pessoa é mero repetidor de ordens, e a condição de autonomia plena, que entrega ao indivíduo a liberdade de agir e a dignidade de posicionar-se como protagonista das pequenas histórias que compõem uma vida, e não como mero títere que responde aos comandos de fios manipulados pela mão invisível do condicionamento burro.

Vamos analisar um exemplo, com auxílio da literatura universal. Jean Valjean, personagem de Victor Hugo em *Os Miseráveis*, em desespero, assalta uma padaria, pois ele e seus irmãos estavam com fome, e não tinham nem dinheiro nem emprego, nem perspectivas. Por seu crime, foi condenado e cumpriu dezenove anos de prisão. Você, caro leitor, também condenaria Jean Valjean? Ele roubou, sim, mas será que a justificativa para tal infração não era suficientemente justa? A lei está sempre acima de todas as outras causas morais? Vamos analisar esta situação a partir dos seis estágios de Kohlberg, cada um com sua própria motivação. Deveria, afinal, Valjean ter roubado o pão?

1. Medo da punição: "Não, não pode roubar. Quem rouba vai para a cadeia".

2. Expectativa de recompensa: "Não. Se ele não roubar, pode ser que alguém lhe dê um pedaço de pão".

3. Expectativa de reconhecimento: "Não, não deve roubar, assim será admirado por ser honesto, apesar das circunstâncias".

4. Cumprimento do dever: "Não, pois a lei é clara: não pode roubar".

5. Contrato social: "Não e sim. Pela lei, não deve roubar, mas a lei é injusta com os desvalidos. Deveria ser adaptada a cada situação".

6. Princípios universais da moralidade: "Sim. A lei não permite, mas sua família está com fome e ele não tem alternativa. A vida está acima das convenções sociais. Deve ser perdoado por ter roubado o pão".

Os dois últimos estágios são chamados de "pós-convencionais" por ensaiarem escapes às regras pré-convencionadas e colocarem a pessoa em situação de autonomia. Mas atenção: a maturidade e o conhecimento são dois fatores que nos propiciam essa evolução. Maturidade porque junto com ela vem a assunção da responsabilidade; conhecimento porque este é o caminho para a lucidez. Vejamos mais alguns exemplos:

- A funcionária da história do início deste capítulo provavelmente está no estágio um. Teme contrariar as normas do hotel, com medo de perder o emprego.

- Um torturador da ditadura militar, quando levado a julgamento alega que estava apenas "cumprindo ordens". Esta justificativa é típica do estágio quatro, a do cumprimento do dever apesar de tudo.

COM GENTE É DIFERENTE

- O tratorista baiano que se recusou a cumprir a ordem do oficial de justiça de demolir a casa de uma família que chorava, mesmo recebendo voz de prisão pela desobediência, é um raro caso de autonomia estágio seis. Seu ato foi legalmente errado, mas moralmente correto.

Pontos de vista diferentes ou graus variados de maturidade e lucidez? Essa é a questão: uma pessoa autônoma não é a que faz o que quer sem dar satisfação a ninguém. É alguém que tem clareza das situações e assume a responsabilidade pelo que faz.

A dança dos dedinhos

A título de definição: *anomia* significa ausência de normas ou leis, situação que gera anarquia e prejudica a organização; *heteronomia* é a obediência cega a normas criadas por outros, própria dos sistemas totalitários; e *autonomia* é a obediência às próprias normas ou às normas criadas por outros após serem entendidas, aceitas, apropriadas e adaptadas à situação.

Pessoas autônomas são mais produtivas a capazes, desde que, claro, sua autonomia seja acompanhada de responsabilidade. Autônomos assumem a responsabilidade, heterônomos transferem. Autônomos resolvem, heterônomos estancam.

Infelizmente ainda há muitas situações de heteronomia, basta que você pense um pouco sobre os serviços prestados em hotéis, clínicas, lojas, repartições públicas. O tema é tão comum que é assunto recorrente nas universidades e nas empresas e chega a ser abordado pela literatura, pelo teatro e pelo cinema.

Lembro-me de uma cena de um filme antigo, da década de 1960, chamado *Bon Voyage!*, protagonizado pelo veterano comediante norte-americano Fred MacMurray. Ele interpreta um turista em visita a Paris, que resolve conhecer os subterrâneos da Cidade-Luz, acompanhando um grupo conduzido por um guia local.

Entretanto, traído por sua curiosidade, afasta-se do grupo e termina por perder-se no emaranhado de galerias que quase formam uma segunda Paris, subterrânea. Já em desespero, percebendo a noite chegar, encontra uma tampa de bueiro que ele poderia alcançar esticando bem o corpo. Coloca, então, três dedos através dos furos, na esperança de que esse pequeno e patético aceno fosse percebido por alguém.

E, de fato, alguém vê os desesperados dedinhos em movimento frenético – um *gendarme*, um guarda trânsito parisiense, competente e orgulhoso. O policial comenta com seu colega e lhe pergunta o que eles devem fazer. O outro, então, sentencia:

– Não vamos fazer nada. Não é da nossa conta, pois cuidamos do trânsito, do que está acima das ruas, e não do que está abaixo. *Allez au travaille, mon collègue!*

A cena pode ser engraçada, carregada de humor sarcástico, mas também é representativa da tragédia do descompromisso, da invalidez funcional justificada pela definição estanque de papéis. Heteronomia em estado puro. *Au revoir!*

Em busca de talentos

Uma das maiores obsessões dos gestores da atualidade é a busca de talentos para compor seus quadros. Diante dessa realidade, vale discutir, afinal, onde estão os talentos? Como atraí-los?
E, principalmente, afinal, o que é ser, exatamente, um talento?
O que o torna diferente e tão desejado?

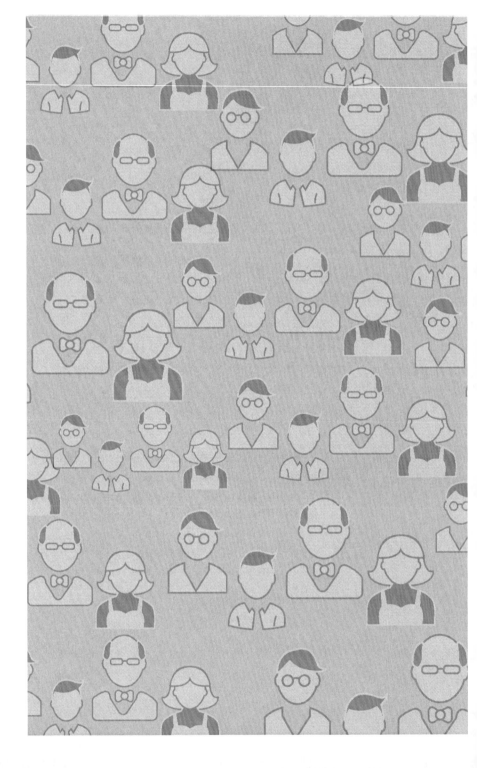

Enfim, qual é o seu talento? Calma, caro leitor, se você não conseguiu responder a essa pergunta com a mesma presteza com que diria qual seu time do coração ou qual seu estilo preferido de música, não significa que você não seja uma pessoa talentosa. Este é um assunto que exige atenção, e noventa por cento das pessoas não teria a resposta na ponta da língua.

Mas é algo a se pensar, pois em uma sociedade que se acostumou a valorizar as pessoas talentosas, e em que as empresas dizem que se dedicam a atrair, desenvolver e reter talentos, parece não identificar em si mesmo um talento especial transformou-se em uma espécie de pecado capital. Para desmistificar este assunto é útil lembrar alguns princípios:

- Ter talento não significa nascer com uma inteligência superior, uma habilidade artística ou uma qualidade única.

- Talento não é dom, não nasce com a pessoa, e sim é desenvolvido com a prática, o que demanda tempo e persistência.

- Todas as pessoas têm a capacidade inata de aprimorar-se, tornar-se muito bom em algum tema ou atividade e ser, então, considerado um talento.

COM GENTE É DIFERENTE

- Encontrar seu próprio talento depende em parte das oportunidades da vida e em parte da determinação pessoal.

- No mundo do RH, é chamado de talento aquele profissional que, apesar de ter bom desempenho, não se acomoda e continua em busca de mais aprendizado e aprimoramento.

- Talento é a capacidade de fazer bem feito um trabalho, aprender com relativa facilidade um assunto e, acima de tudo, sentir prazer em fazer o que faz.

Portanto, ser um talento está mais voltado para o campo das escolhas pessoais do que do determinismo do destino. É praticamente impossível não ser considerado um talento após dedicar parte de sua vida a um trabalho com empenho, determinação e afeto. Se você ainda não encontrou seu talento, deixe que seu talento encontre você. Dê-lhe uma oportunidade. Ele pode estar camuflado em qualquer trabalho que seja digno e que lhe dê a sensação de estar sendo útil. Um trabalho que dá sentido à vida é mais do que um trabalho, é uma missão, e é também a proteína que formará corpo ao seu talento adormecido.

Conversei com um diretor de Recursos Humanos muito respeitado no mercado sobre esse assunto. Ele é conhecido por gostar de se envolver com os processos seletivos dos executivos da empresa. Quando lhe perguntei o que ele valorizava nos candidatos ele me respondeu sem titubear:

— São duas as variáveis: capacidade de entregar resultado e vontade de aprender permanentemente.

Campeão de assertividade, esse diretor. Ele sabe que a empresa vive de resultados, mas está interessado em resultados sustentáveis e crescentes, e isso só se consegue com gente que está evoluindo sempre. Por isso o desejo genuíno de aprender passou a ser uma qualidade desejada no mundo corporativo.

Em função de visões como esta é que as empresas estão virando escolas, sim, mas há uma diferença entre elas e a faculdade que você acabou de cursar. Lá havia um professor, alguém especializado em ensinar, que compartilhava com você a responsabilidade por sua firmação. Na empresa essa responsabilidade está muito mais colocada sobre seus ombros.

Se as empresas apreciam quem quer aprender, têm especial predileção por quem não espera que alguém venha ensinar. Aprender é seu ofício. Nesse sentido, a curiosidade, a inquietação intelectual, a busca do conhecimento passaram a ser as características apreciadas, pelo menos nas empresas bem geridas.

Considerando o que disse o diretor, temos duas variáveis, portanto são quatro as possibilidades. Vejamos: quem tem baixo desempenho e grande vontade de aprender é um potencial – a empresa investe. Quem tem bom desempenho, mas perdeu a vontade de aprender está acomodado – a empresa se preocupa. Quem tem desempenho alto e grande vontade aprender é um talento – a empresa reconhece e quer reter. E quem tem baixas essas duas variáveis não tem mais espaço – a empresa elimina.

Esta é uma planilha muito útil, especialmente para os líderes de equipes, mas também para quem está construindo uma carreira e não que vacilar. Perceba que no mundo dos recursos humanos, ser um talento não significa ter uma habilidade especial, um dom artístico ou uma inteligência superior. Ser um talento significa ser possuidor da combinação entre o desempenho e o desejo de aprender e evoluir. Ser um talento, portanto, é uma questão de vontade.

COM GENTE É DIFERENTE

Talento e vocação

Cheguei a São Paulo, vindo do sul, com uma passagem rápida pelos Estados Unidos em 1998. O futuro parecia incerto, mas eu não tinha dúvidas quanto à decisão, ainda que não contasse com o apoio da maioria das pessoas próximas: não queria mais seguir com a carreira de médico, queria ser professor. A pergunta que todos faziam era como alguém, com mais de quarenta, poderia mudar de rumo assim, de maneira tão drástica, tão de repente, sem deixar espaço para discussão. O que as pessoas não sabiam, é que esse processo não era novo; já tinha alguns anos.

O que estava acontecendo comigo era uma história que só não acontece com maior frequência, com mais pessoas, por falta de percepção, de coragem ou de oportunidade. Percepção de que você está trabalhando em algo que não lhe dá prazer; coragem para chutar o balde e encarar o desafio de mudar de área; oportunidade para recomeçar, entrando em um mundo novo, desconhecido, através de portas que se abrem – acredite, elas sempre se abrem.

O processo não é instantâneo como um café solúvel. Começou a se instalar lentamente, como um ponto de ferrugem no para-choque de um carro mal cuidado, que vai crescendo e se alastrando. Em um dia eu não queria levantar da cama para ir trabalhar; em outro eu me dava conta que não estava mais estudando, interessando-me por temas novos de minha profissão; ainda em outro eu me percebia olhando para as paredes do consultório em momentos de solidão, como se buscasse nelas uma resposta para minha tristeza. Eu estava diante de caso grave de falta de vocação, cujo diagnóstico não é assim tão simples, e cujo tratamento é amargo e dói.

É penoso formar-se médico, e é ainda mais difícil engrenar na carreira, talvez por isso a decisão tenha sido ainda mais dura; mas ela terminou por vir, felizmente. Acho a ciência médica belíssima, e admiro profundamente os médicos, mas eu não tinha afinidade com a profissão de Hipócrates; o que eu gostava mesmo era ser professor. Podia até conduzir com competência uma consulta e resolver o problema de meu paciente, mas meu coração vibrava mesmo quando eu tinha que dar uma aula. Gosto de plateia, de alunos, de olhos atentos. Até tentei praticar o que eu chamava de "medicina educacional", por meio da qual eu tentava mudar os hábitos de vida do paciente, promovendo, assim, sua saúde. Não tive muito sucesso. As pessoas, em sua maioria, preferem tomar remédios, não atitudes.

Eu tive então que render-me às evidências: meu talento não estava no consultório, estava na sala de aula. Aliás, eu já tinha trilhado esse caminho. Antes de exercer medicina, eu tinha sido professor de biologia, e não foi por pouco tempo, foram duas décadas dedicadas ao magistério, antes e depois de formado. A medicina veio depois, porque eu me dizia "cansado" de dar aulas, e queria experimentar outro caminho. A experiência foi boa, ótima, aliás. Agradeço muito pela oportunidade que a vida me deu. Serviu para mostrar minha missão neste mundo: ensinar, e ponto final.

A vocação, este substantivo feminino tem origem latina, e significa o ato de chamar. Quem segue sua vocação obedece a um chamado. Ouve a voz e responde com sua atitude. E como perceber esse chamado? Eu acho que essa voz tem um timbre e uma intensidade. O timbre é o prazer e a intensidade é a facilidade. Quando eu faço algo que me dá prazer e eu faço com relativa facilidade, especialmente após algum treino, estou atendendo à minha vocação. Depois, é só desenvolver o talento. Para resumir, os bons gestores de pessoas são identificadores de vocações e desenvolvedores de talentos.

Pessoas não são coisas

Coisas têm preço, que é atribuído em função de sua utilidade e de sua raridade. Pessoas têm dignidade, que lhes será atribuída de maneira diretamente proporcional aos valores em que acredita e que pratica.

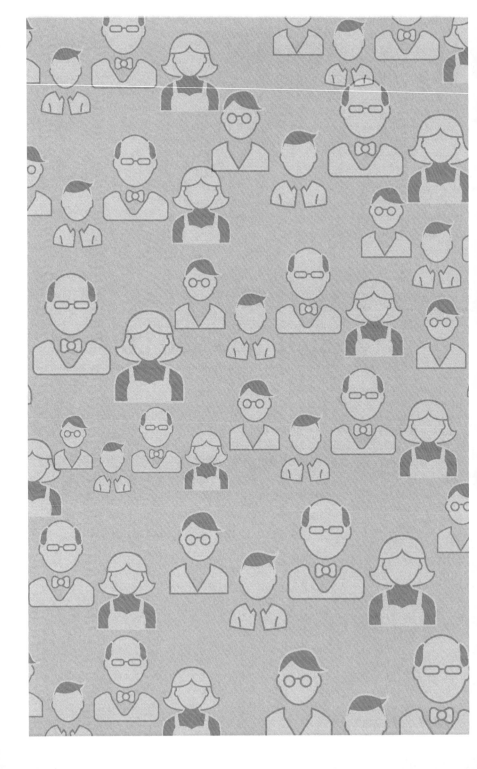

"*Joga pedra na Geni!*"

Esta uma das frases fortes de uma das melhores músicas do Chico Buarque, lá dos idos de 1977. Conta a história de uma cidade de gente má que um dia se vê ameaçada pelo comandante de um zepelim dourado cheio de canhões. O fim pode estar próximo. Mas há uma esperança. O feroz guerreiro se interessa por Geni, uma linda moça de grande coração e de vida devassa:

"*Quando vi nesta cidade / Tanto horror e iniquidade / Resolvi tudo explodir / Mas posso evitar o drama / Se aquela formosa dama / Esta noite me servir!*"

Mas, para surpresa de todos, Geni nega-se, pois ela tem lá seus caprichos. Cidadãos respeitáveis imploraram que ela os salvasse. O prefeito veio de joelhos, o bispo de olhos vermelhos e o banqueiro ofereceu um milhão. Todos a encheram de mimos e elogios:

"*Você pode nos salvar / Você vai nos redimir / Bendita Geni!*"

Ela, então, cede às súplicas de todos e entrega-se nauseada ao forasteiro que cheirava a brilho e a cobre. Quando ele, saciado, vai embora e ela pensa que finalmente vai descansar, ouve a cantoria daqueles que havia acabado de salvar, e que não viam nela mais nenhum valor:

COM GENTE É DIFERENTE

"Joga pedra na Geni / Joga bosta na Geni / Ela é boa de apanhar / Ela é boa de cuspir / Ela dá pra qualquer um / Maldita Geni!"

Pois é, Chico Buarque, em uma de suas melhores fases, conseguiu, com sua poesia, desnudar a alma mais uma vez. Só que, desta feita, mostrou um lado sombrio, mesquinho e pequeno que carregamos em nós. Abordou aquela terrível mania de se conferir utilidade às pessoas e tratá-las de acordo com essa utilidade, e não em função de sua condição de ser humano. Ao lidarmos com uma pessoa apenas a partir do ponto de vista de sua utilidade, nós a estamos "coisificando", tratando-a como uma coisa. E isso ocorre porque a sociedade em que vivemos é o império da eficácia e não o reinado do valor. Sim, pessoas descartadas são pessoas coisificadas.

A cultura do descartável

A palavra "descartar" vem do baralho e significa "devolver à mesa a carta que não serve ao jogo", que é inútil; mas, com o tempo, foi ampliando sua aplicação. Costumamos descartar um imenso número de produtos feitos de plástico, alumínio, borracha, tecido e papel. Embalagens, latas de refrigerantes, pratos, talheres, baterias, roupas, celulares – a lista é longa. Antigamente, eletrodomésticos que estragavam eram consertados, hoje é mais barato comprar um novo e descartar o velho, que muitas vezes nem é tão velho assim.

A cultura do descartável começou com um homem chamado King no comecinho do século XX. Em uma manhã, fazendo a barba, ele teve a ideia (afinal, quem nunca teve uma ideia fazendo a barba?): "Por que não produzir uma lâmina bem pequena, fininha e barata que substitua a tradicional navalha?", pensou. "Ela seria mais fácil para transportar, e poderia ser simplesmente jogada fora após fazer algumas barbas".

Essa ideia, no começo, não fez sentido para a maioria das pessoas, que só compreendiam a existência de coisas duráveis, como uma navalha. Mas foi com ela que King Camp Gillette ficou rico alguns anos depois. Em 2005, seus herdeiros venderam a Gillette Company para a gigante Procter & Gamble por 55 bilhões de dólares.

Esta é uma entre muitas histórias de empreendedores do capitalismo, mas ela tem um componente a mais. Seu personagem principal não criou apenas um novo produto e uma empresa milionária. Ele criou um conceito – o de objetos descartáveis. Sim, o descartável trouxe conforto para a humanidade, mas acabou por criar um novo problema – o que fazer com as toneladas de lixo não degradável que produzimos atualmente, especialmente nas grandes cidades? O descartável é um conforto que cobra um pedágio caro. O velho King não poderia imaginar...

E este lado negativo dos descartáveis não é o único. Há também o fato de que os descartáveis viraram cultura, são pop, modernos, ou pós-modernos. Descartar é um hábito contemporâneo, do qual não conseguimos nos livrar. Curioso, não conseguimos descartar o hábito de descartar. Os descartáveis não são descartáveis! Não temos mais como não descartar coisas que ficam velhas rapidamente, pois foram feitas para isso, para durar pouco, apenas enquanto dura sua utilidade.

E o pior ainda está por vir. Ideias, valores e, suprema ironia, até pessoas são descartados com frequência, após vencer seu prazo de utilidade. É o "efeito Geni". As pessoas também são descartadas quando perdem o fio, como as lâminas de barbear.

Preço não é valor

Em 1788, Immanuel Kant publicou seu livro *A crítica da razão prática*, acrescentando mais um tijolo à construção de sua filosofia crítica. Nele, o filosofo alemão nos faz ver que as coisas não têm valor em si mesmas. Seu valor é conferido pelas pessoas a partir da utilidade que as coisas têm. Trata-se, portanto, de uma valoração externa, atribuída por alguém, o que poderá definir para as coisas valores diferentes dependendo do momento ou das necessidades e desejos humanos.

Assim, um copo de água, que não é nem percebido por uma pessoa saciada, tem um valor incalculável para uma pessoa com sede no meio de um deserto. Uma cadeira, que é apenas um objeto de quatro pernas pela manhã, pode ser um bálsamo abençoado no fim do dia, após uma jornada de trabalho cansativo.

Então, o valor dos objetos é relativo. Sempre é definido em relação a alguém ou a outra coisa. Poderíamos também dizer que, a rigor, coisas não têm valor, têm preço, e seu preço é definido por sua utilidade e também por sua raridade. O que os profissionais de marketing – também conhecidos como "marqueteiros", especialistas em ajudar a vender coisas – fazem é demonstrar a qualidade de um produto para estimular seu consumo e justificar seu preço. Quanto mais útil e mais raro, mais caro. Lei do mercado!

As coisas descartáveis são úteis, mas não são raras. Ao contrário, podem ser encontradas em qualquer lugar, por isso são baratas. Mas, na verdade, o que acontece mesmo é que elas criam a ilusão de custarem pouco, pois precisam ser repostas, o que mantém aceso seu consumo, que vem do hábito, do costume. E o lucro é maior. Simples assim.

Valor não é preço

Não é assim que deveria ser com as pessoas. Pessoas não têm preço, têm valor. O trabalho de uma pessoa pode ser quantificado por sua utilidade ou por sua raridade, e pago por tais atributos, mas não a pessoa em si. Podemos comprar o serviço de alguém, mas não podemos comprar sua essência.

Entretanto, é sempre bom frisar que é isso mesmo que as pessoas têm de ter: essência. Conteúdo, valores, autoapreciação. Em vez disso, entretanto, muitas vezes o que encontramos ao pesquisar o interior de alguém é um imenso vazio. Aí fica difícil atribuir a alguém assim algum valor. Só preço. E se ela não tiver a competência que lhe dê utilidade ou raridade, nem isso.

Buscando jogar mais luz sobre esse tema, penso em uma pergunta difícil até de ser formulada. Uma pergunta que perturba, mas que deve ser feita. Então, vamos a ela: afinal, quem atribui desvalor a alguém descartado como se fosse um objeto? Quem o descartou ou o próprio descartado?

Sabemos que pessoas não são coisas, portanto não devem ser tratadas como tal, mas é importante lembrar que também não devem comportar-se como se fossem. Atribuir-se valor e fazer jus a ele dá à pessoa uma qualidade que é só sua, que é demasiadamente humana e que os objetos nunca terão: dignidade.

Revisitando a galeria de pessoas que passaram por minha vida – e não foram poucas –, encontro muitas que eu procurei por sua utilidade, mas que deixaram suas marcas, para o bem ou para o mal. Gostaria de falar de duas: Vilmar (nome fictício) e Seu Manoel (nome verdadeiro).

O Vilmar é um profissional que realiza um trabalho complementar ao meu na área de educação. Nossas

COM GENTE É DIFERENTE

competências, somadas, nos dariam grande vantagem competitiva e poderíamos fazer bons trabalhos juntos. Estava animado com a parceria, mas esse ânimo não durou mais do que dois ou três encontros, pois rapidamente percebi que seus valores não combinavam com os meus. Ele coloca o resultado acima das questões éticas, e isso não combina com meu estilo. É claro que a parceria nem começou. Sim, ele era útil para mim, mas eu o descartei por seus valores. Ou pela falta deles.

Seu Manoel é um piauiense migrado para São Paulo em busca de trabalho e de oportunidade, e aqui ele se transformou em mestre de obras e da vida. Eu o contratei para reformar um apartamento e esperava dele o que se espera de um operário: eficiência e respeito aos prazos. Mas recebi muito mais, coisas como comprometimento, interesse sincero com a qualidade e com as melhores soluções, vigilância do trabalho dos outros fornecedores, confiança, respeito, amizade. Sim, eu e o Seu Manoel viramos amigos!

Meu apartamento ficou pronto, o serviço dele terminou e esgotou sua utilidade. Porém, ficou sua dignidade, seu sorriso fácil, seus comentários pertinentes, seus valores humanos. Estes, aliás, pude perceber também em sua família, ao conhecer sua companheira de toda a vida, seu filho advogado, sua filha promotora de justiça. Seu Manoel é um exemplo de alguém que nunca é descartado, ainda que seu trabalho chegue ao fim.

Em resumo, todos nós podemos escolher como percorrer a vida. Há o atalho do preço, e há caminho do valor.

Persuasão convincente

Persuasão é a arte de se conseguir do outro o que se deseja pela razão. Serviço, colaboração, comprometimento são qualidades desejadas, mas que não podem ser solicitadas, muito menos exigidas. A persuasão, armada dos melhores argumentos, faz com que as pessoas deem o melhor de si.

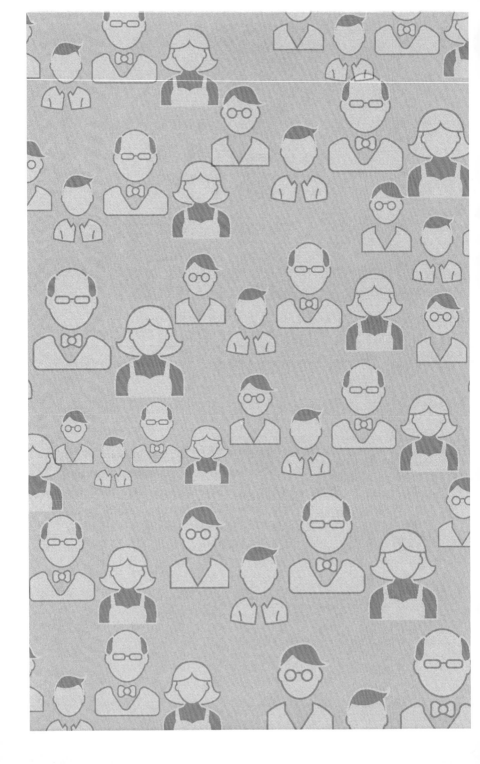

osto de História. Por quê? Ora, no mínimo porque ela nos ensina a não repetir erros. Aliás, a História é uma das fontes mais confiáveis de ensinamento, considerando que ela não mente, a não ser que seja contada por mentirosos. Este não é o caso, por exemplo, de Platão, que descreveu o pensamento e os costumes de uma época em seus mais de trinta *diálogos*, tendo Sócrates como personagem central.

Quando se começa a estudar liderança, um bom início é seu livro *A República*, em que pela primeira vez são discutidos temas ligados ao exercício da política e do poder. E já na primeira página encontramos uma situação que mostra como as pessoas podem ser convencidas a fazer alguma coisa.

Após ter participado de uma festividade em homenagem a uma deusa na localidade de Pireu, Sócrates estava voltando para Atenas quando foi alcançado por um grupo de rapazes que queriam que o sábio permanecesse mais um pouco na cidade, com a finalidade de se beneficiarem de sua inteligência. Um deles, o arrogante Polemarco, lhe disse:

— Sócrates, parece que você está indo embora da cidade, mas, a menos que seja mais forte que nós, terá de ficar aqui.

— Existe a possibilidade de convencê-los a me deixar ir? – perguntou Sócrates.

COM GENTE É DIFERENTE

— Será que você consegue nos convencer, mesmo se não quisermos ouvir seus argumentos? – respondeu Polemarco.

— Aí fica difícil...

Nesse momento, outro jovem, Adimanto, interveio:

— Sócrates, você sabia que hoje à noite haverá uma corrida de archotes a cavalo, em honra à deusa, e também uma festividade noturna digna de ser vista, a qual gostaríamos que viesse?

— Bem, nesse caso, ficarei!

Parece que existem duas maneiras de conseguir que as pessoas façam alguma coisa. Simplesmente obrigando-as a fazer, ou obtendo sua colaboração espontânea. As duas exigem algum tipo de força. No primeiro caso, a força do temor; no segundo, a força do argumento.

A República, de Platão, tem mais de vinte séculos, mas continua atual na maioria dos conceitos, que tratam de assuntos da natureza humana, sendo, portanto, universais e eternos. O tempo passa, a tecnologia avança, o conhecimento se avoluma, a sociedade se aperfeiçoa, mas o homem continua o mesmo em sua essência. Nas empresas, ainda hoje, encontramos gerentes Polemarcos e gerentes Adimantos.

Empresas são lugares em que sempre tem alguém mandando e alguém obedecendo. Isso é próprio de conjuntos humanos em que há hierarquia e em que as tarefas são definidas em função de uma estratégia previamente estabelecida. Se existe alguém que sabe *o que* fazer, alguém tem de saber *como* fazer. E o primeiro tem de informar o segundo – a estratégia de mãos dadas com a operação.

Sempre que você necessitar de alguém para uma tarefa, terá duas alternativas: ou a pessoa entende por que tem de fazer aquilo ou terá de ser simplesmente mandada. Você tem dúvida sobre em qual das duas situações o resultado do trabalho será melhor?

Você obedece apenas porque tem mais poder ou porque as pessoas reconhecem que merece tal poder? As pessoas sentem que você sabe exatamente aonde quer ir e como fazer para chegar lá, ou não? A resposta a essas perguntas é importante para entender como você está exercendo sua liderança. A não ser que as pessoas que você lidera não sejam dadas a pensar. Nesse caso, tanto faz, porque com tal equipe você dificilmente chegará a algum lugar.

Motivação consistente

As pessoas só trabalham, ou só trabalham com qualidade, quando estão motivadas. Entender o mínimo sobre motivação humana é uma obrigação de quem pratica Gestão de Pessoas.
O que as pessoas necessitam e desejam é o que forma a rampa de lançamento de suas motivações.
Às vezes temos de fazê-las ter consciência da urgência de suas necessidades e da propriedade de seus desejos.

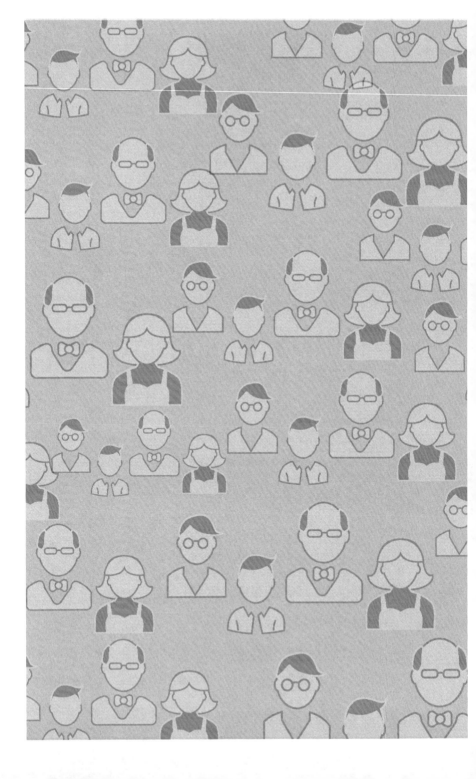

A final, é possível uma pessoa motivar outra ou as pessoas devem se automotivar? A motivação é uma porta que só se abre por dentro ou alguém pode acionar o trinco por fora? Estas são questões sempre presentes quando o assunto é liderar equipes. Na dúvida, vamos perguntar aos especialistas, que, por sinal, não são os profissionais da motivação. São psicólogos.

O que eles dizem é que as pessoas só são motivadas por duas grandes forças: a necessidade e o desejo. A necessidade de não sofrer e o desejo de ter prazer. O psicólogo Abraham Maslow, que é o teórico das necessidades, afirma que nós não fazemos nada se não estamos motivados e que passamos pela vida procurando atender às demandas da sobrevivência. Ele também explicou que temos de atender às necessidades de sobrevivência física, emocional e intelectual, nessa ordem de prioridade. Maslow criou a famosa pirâmide que leva seu nome e explicou a hierarquia de nossas necessidades, portanto, de nossas atividades.

Freud, quando abriu as portas do inconsciente para a humanidade, disse que somos movidos pelo instinto do prazer, ao que chamou de *libido*. Para ele, a grande motivação, que está por trás de tudo o que fazemos, é a perpetuação da espécie, e a libido cumpriria o papel de providenciar o desejo que garantiria esse processo. Freud explica que a

COM GENTE É DIFERENTE

vida precisa do sexo, e que sem prazer, nada feito. Já Jung, que foi amigo e seguidor de Freud, concordou com ele na essência, mas discordou no detalhe.

Disse que a libido é fundamental, sim, mas que não está presente apenas no sexo, e sim em tudo o que fazemos, seja no trabalho, no lazer, no estudo e em todo tipo de relações humanas. Então, os dois brigaram feio e cada um tomou seu rumo, com Jung dizendo que, para Freud, tudo era sexo, e que ele não pensava em outra coisa. Na verdade, Jung também só pensava naquilo, mas não só no sexo da perpetuação da espécie, também no da perpetuação das ideias, da multiplicação do conhecimento, do crescimento da empresa etc. Afinal, tudo isso envolve um grande prazer. Ou não? A libido é, então, uma força motivadora que mira o prazer a acerta na perpetuação, e isso também vale para a carreira, para o trabalho diário, para os objetivos das equipes.

Os dois precursores da psicanálise abriram a discussão, mas quem matou a charada, por incrível que pareça, foi um psicanalista brasileiro, chamado Roberto Freire (não o político), no título de um de seus livros: *Sem tesão não há solução*. Para a época (década de 1960), a frase soou escandalosa, mas, a partir de então, a palavra tesão começou a deixar de ter significado chulo. Hoje, dizemos, sem medo de ofender, que temos (ou não temos) tesão pelo trabalho, pela profissão ou pela empresa. Todos concordam que esse tipo de tesão é fundamental, e quem não o sente está profissionalmente morto, porque a finalidade da vida é criar mais vida. E sem tesão, libido ou motivação (no fundo, todo é a mesma coisa) não se cria nada.

Em resumo, tudo o que fazemos tem como mola propulsora a necessidade de evitar o sofrimento ou o desejo do prazer, ou ambos. O trabalho é necessário porque sem ele não tem salário, não tem dinheiro para comprar comida nem pagar o aluguel, o que significa sofrimento, e dos grandes. Mas há também o prazer que vem da tarefa bem-feita, da meta atingida, do convívio com os colegas, do reconhecimento pelo esforço, da celebração pelo resultado.

Portanto, a grande pergunta é: você trabalha só pela necessidade ou também pelo prazer? Se você mira apenas evitar o sofrimento, jamais terá motivação plena. E se lidera uma equipe, saiba que as pessoas precisam do trabalho, mas desejam a felicidade. O que multiplica resultados faz crescer os lucros e pereniza as empresas é essa dupla de área: a necessidade e o prazer. Um dos dois, sozinho, não faz gol, e se faz, é gol feio, que não empolga a galera.

Respondendo aos questionamentos do primeiro parágrafo, a pessoa tem de motivar a si mesma, sim, mas outra pessoa – seu líder – pode lhe dar os elementos que ela usará para construir essa motivação, e ter tesão para trabalhar. Sempre lembrando que, pela necessidade, as pessoas trabalham simplesmente; e agregando o prazer, trabalham plenamente. Ah! Há uma terceira coisa que motiva as pessoas: o sonho, que é a capacidade de imaginar um futuro melhor. Mas isto é outra história.

Feedback, a melhor ferramenta

Todos nós precisamos de autoconfiança e autoestima. A primeira para sermos produtivos, a segunda para sermos felizes. Entretanto, essas duas qualidades psicológicas não obtemos sozinhos. Precisamos do outro. Precisamos do *feedback* de nossos pais, professores, amigos, chefes. Mesmo sem perceber, damos e recebemos. Entretanto, como ato de gestão, muitas vezes falhamos.

Silva, um gerente de departamento de uma grande empresa está com dois problemas naquele dia: deve demitir um funcionário que não está rendendo o suficiente; e deve tentar reter outro, excelente, que pediu desligamento. Ao primeiro ele diz: "João, você está conosco há doze meses, mas até agora não mostrou a competência que esperávamos. Por isso a empresa está dispensando seus serviços. Lamento". E ouviu de resposta: "Mas, chefe, há um ano que estou fazendo a mesma coisa e ninguém nunca me orientou que deveria fazer diferente. Por que vocês não me alertaram antes?".

Ao segundo, pede: "Carlos, gostaria que reconsiderasse sua saída da empresa. Você está conosco há dois anos, estamos muito satisfeitos e estamos pensando, inclusive, em promovê-lo. Por que você quer sair?". E foi obrigado a escutar: "Porque recebi uma proposta melhor de outra empresa que ouviu falar de mim e ficou interessada. Até achei que não faria falta por aqui, pois nunca senti que meu trabalho fosse valorizado".

São duas situações fictícias, mas com fortes componentes de realidade. Coisas parecidas acontecem todos os dias. João está sendo dispensado e Carlos está querendo sair exatamente pelo mesmo motivo: não receberam *feedback* do chefe enquanto trabalhavam na empresa. Silva precisa

COM GENTE É DIFERENTE

urgente rever seus conceitos de gestão de pessoas e, provavelmente, de relacionamento humano. Se pudéssemos perguntar à sua mulher, ela provavelmente também se queixaria que o marido não reage às suas manifestações de carinho e parece não se importar quando ela está fria e distante. Para ele tanto faz. Ele não sabe que, em qualquer situação, no trabalho ou nas relações pessoais, dar *feedback* é uma manifestação de respeito e de afeto. E é, antes de tudo, uma demonstração de inteligência interpessoal.

O *feedback* e a vida

Traduzindo literalmente, *feedback* significa "retroalimentar", ou seja, alimentar de volta, devolver a uma fonte qualquer, que emite um estímulo, parte do resultado desse estímulo. Isso serve para manter o sistema em funcionamento. Uma boa maneira de entender isso é conhecer um princípio simples do funcionamento do corpo humano. Nele, todas as glândulas endócrinas, produtoras de hormônios, são estimuladas permanentemente por uma "glândula mãe", anexa ao cérebro, chamada hipófise. Ela produz, por exemplo, TSH, ou hormônio estimulante da tireoide. Sua função? Ora, estimular a tireoide, glândula que temos no pescoço, a produzir seu próprio hormônio, a tiroxina que, por sua vez, é fundamental para manter o corpo em atividade metabólica, gerando energia e funcionando bem.

Como todos os hormônios são jogados na corrente sanguínea, a hipófise fica sabendo se a tireoide fez seu trabalho. Se não, manda mais uma pequena carga de estímulo. Quando percebe que a outra funciona bem, diminui a produção do hormônio que a estimula. A esse sistema de controle permanente damos o nome de "mecanismo de retroalimentação", ou simplesmente *feedback.* Sem ele, o sistema endócrino, fundamental para garantir o funcionamento saudável do corpo humano, simplesmente não conseguiria exercer seus vários papéis.

Ora, os grupos de pessoas funcionam como organismos. Suas várias partes devem se comunicar com qualidade, se não o grupo padece, adoece e morre – tende a se dissolver. E isso vale para empresas, amizades, namoros casamentos.

Os educadores modernos condenam as escolas que abusam das práticas do behaviorismo, aquelas que se baseiam apenas no princípio do estímulo-resposta para ensinar a seus alunos as disciplinas do currículo e os comportamentos desejados pela sociedade. É necessário mais do que isso. Precisamos desenvolver espírito crítico, capacidade de pensar, senso de valor. É verdade, mas mesmo esses educadores não desdenham os efeitos do reforço positivo. Trata-se do uso pedagógico do *feedback*.

Lembro-me de inúmeros casos que marcaram minha carreira de professor. Quando lecionava para o ensino médio, em quase todas as turmas encontrava um aluno que merecia mais atenção. Lembro-me de um em particular, Leandro. Ele tinha um comportamento que irritava a todos: professores, funcionários e os próprios colegas. Era inquieto, desatento e desafiador. Já entrava naquela sala preparando-me para aborrecimentos. Com certeza ele aprontaria alguma que me obrigaria a dar mais uma lição de moral ou até retirá-lo da sala. Só que um dia aconteceu algo diferente. Sem razão aparente, naquela aula ele teve um comportamento exemplar. Sentou na fileira da frente, prestou atenção à aula, fez perguntas pertinentes e até pegou do chão, elegantemente, o caderno que uma colega havia deixado cair.

É possível que esse comportamento, para ele atípico, tivesse a ver com a matéria do dia, pois estávamos estudando ciclos ovulatórios, período fértil, assuntos que despertam

COM GENTE É DIFERENTE

o interesse dos jovens. Mas o que importa é que não perdi a oportunidade. Pedi ao Leandro que ficasse em sala no final da aula, o que ele interpretou como mais uma repreensão. Quando ficamos a sós, olhei bem no fundo dos seus olhos, criei um suspense que durou alguns segundos, e depois sorri, estendi-lhe a mão e elogiei seu comportamento durante aquela aula. De assustado ele se transformou em animado, e passamos a conversar sobre o tema da aula, sobre minhas experiências de vida e sobre as expectativas dele para o futuro. O resultado foi o início de uma profunda mudança de atitude do aluno-problema. O santo remédio foi o *feedback* dado no momento certo.

O erro do senhor Higgins

O dramaturgo irlandês George Bernard Shaw ganhou dois prêmios invejáveis para um escritor. O Nobel de Literatura em 1925, pelo conjunto de sua obra, e o Oscar em 1938, pela adaptação ao cinema de um de seus livros – *Pigmalião*. Esse título é inspirado no escultor grego Pigmalião, que produziu uma escultura de mulher tão perfeita, que terminou por se apaixonar pelo resultado de sua obra. O filme, no entanto, recebeu o nome de *My Fair Lady*, interpretado por Rex Harrison e Audrey Hepburn, e fez um tremendo sucesso. Até hoje o teatro repete o espetáculo, inclusive no Brasil, onde atualmente há uma montagem em São Paulo.

É a história de um professor de fonética, o esnobe Sr. Henry Higgins, que aposta com seu amigo, o coronel Pickering, que é capaz de ensinar a qualquer pessoa a falar bem e ter um comportamento de nobre. Para provar sua teoria e demonstrar seu poder, escolheu uma pobre moça que vendia flores no centro de Londres, Eliza Doolittle. A jovem, atraída pelo *glamour* da *society*, aceita o desafio, muda-se para a casa do professor e tem início uma exaustiva transformação. Aulas de dicção, de entonação, de postura, de cultura são seguidas de broncas e até ameaças. Ficaram famosas as frases trava-língua que ela tinha de repetir à exaustão: *The rain in Spain stays mainly in the plain.* Ou pior: *In Hertford, Hereford and Hampshire, hurricanes hardly ever happen.*

A prova final da "aluna-plebeia-que-tinha-de-virar-dama" deu-se na festa de uma embaixada, com a presença de toda a alta sociedade. Eliza, então, sai-se extremamente bem, encanta a todos com sua graça, sua classe e sua beleza. Higgins ganhara a aposta! De volta para casa, o professor comemora com o coronel, que o felicita. Ele está exultante, abre uma garrafa especial de vinho do porto, propõe um brinde especial louvando sua qualidade de mestre transformador.

Nada de errado com essa comemoração, não fosse por um fato: Eliza foi totalmente ignorada, como se a ela não coubesse nem uma mísera parte do sucesso alcançado naquela noite memorável. A graciosa menina, que a esta altura já tinha caído de amores por seu benfeitor, sofre imensamente com a decepção, e resolve ir embora, voltar à sua vida, retomar sua banca de flores, ser de novo quem ela realmente era. A falta de *feedback* matou o mérito do professor Higgins.

É lógico que o final é feliz, pois Higgins também estava apaixonado por Eliza e termina por reconhecer seu erro, procura a protegida, valida seu esforço e a pede em casamento. Para ele não foi fácil, pois o esnobe Henry Higgins não estava acostumado a dar, só a receber elogios. A sorte foi que seu amor pela aluna superou o amor-próprio.

COM GENTE É DIFERENTE

Valores reconhecidos

Há muitos senhores Higgins neste mundo. Pessoas acostumadas a louvar seus méritos e desinteressadas em validar os do outro. Validar é uma palavra mágica. Significa "ajudar alguém a reconhecer o próprio valor", e é disso que estamos falando aqui. Do fato de que as pessoas têm o direito de saber quais os componentes de seus comportamentos que são apreciados e os que são indesejados pelos que convivem com elas. Mas como fazer isso sem o saudável hábito do *feedback*?

É claro que sempre é possível simplesmente observar o resultado de nossas atitudes, mas isso leva mais tempo e nem sempre é perceptível como gostaríamos. Certa vez, uma amiga me confidenciou: "Eu não entendia por que não conseguia fazer amigos no colégio, até que uma menina me disse que ninguém me aguentava porque eu só falava de mim mesma o tempo todo". Pronto. O *feedback* da colega salvou essa pobre moça de se transformar em uma eremita social. Ela simplesmente não reconhecia seu comportamento desagregador. Após a colocação sincera da amiga, iniciou voluntariamente um processo de melhoria de suas relações.

Pense na pessoa que está mais próxima a você. Quem sabe sua mulher, ou seu marido. Talvez seu melhor amigo, ou seu irmão. Essas pessoas construíram um padrão de comportamento que repetem pela vida e nem sempre todos os componentes desse padrão agradam a você. O que você faz? Simplesmente ignora e se acomoda, aceitando que "afinal, ninguém é perfeito", e vai acumulando essa insatisfação, com reflexos inevitáveis na relação? Ou usa da sinceridade e "se abre" com a pessoa mais importante de sua vida? Sabe o que pode acontecer se escolher a segunda alternativa? Provavelmente vai ouvir o *feedback* do *feedback*. Vai ficar sabendo que o que ela faz é reflexo do que você faz. E ela pensa que

EUGENIO MUSSAK

está agradando, pois você nunca antes havia se referido ao acontecido daquela maneira.

Sabe aquele hábito odioso de deixar luzes acesas em locais onde não voltará? Pois eu tinha essa mania, e minha mulher entrava depois, apagando tudo. E sabe por que eu deixava tudo aceso? Porque reparava que ela entrava nos mesmos lugares que eu na casa, e já deixava tudo iluminado para ela. O que eu não sabia é que ela entrava só para apagar as luzes. Até que um dia ela chamou a minha atenção. O *feedback*, nesse caso, economizou energia. E dinheiro!

Sobre o potencial das pessoas

Selecionar pessoas para compor uma equipe é um dos momentos cruciais da boa gestão. Dois aspectos são essenciais:
(1) considerar a qualificação técnica e também os atributos comportamentais;
(2) considerar o desempenho do momento, e, principalmente, o potencial de desenvolvimento do candidato.

Por muitos anos, depois que viemos do Sul, moramos em Higienópolis, um dos bairros residenciais mais antigos e clássicos de São Paulo, e por lá queríamos ficar. Estávamos acostumados à vizinhança, já conhecíamos as padarias, as pracinhas, as lojas de rua, o shopping e agora procurávamos um apartamento para comprar. Era o tipo de região em que só se compram apartamentos antigos que precisam ser reformados. OK. Tínhamos a consciência do fato e a disposição para enfrentar um tempo de obras, convivendo com projetos, sacos de areia, azulejos, operários, atrasos de cronograma e, claro, estouros de orçamento.

Fomos então visitar um prédio dos anos 1960, com imenso jardim na frente e um toque *art déco*, como convém ao bairro. Não era nenhum Cerqueira César nem um Artacho Jurado, mas também não ofendia o bom gosto da redondeza. A sensação causada pelo prédio era muito boa, os espaços eram generosos e havia certo ar de tradição e aristocracia. Tudo ótimo. Até que entramos no apartamento.

A primeira sensação foi de decepção e o primeiro impulso o de ir embora sem terminar a visita. O imóvel estava fechado havia muito tempo, o cheiro era de mofo, as paredes eram escuras, as janelas estavam sujas e mal se podia ver o piso. Sufocante era pouco, para explicar o sentimento. Foi quando um lapso de sabedoria me fez ponderar para minha mulher que já girava nos calcanhares:

COM GENTE É DIFERENTE

— Calma. Não viemos aqui para visitar o apartamento, e sim para conhecer sua potência.

— Hã? – foi o primeiro comentário. Só o primeiro.

A potência em questão não tinha nada a ver com o campo de estudo da física, e sim da filosofia. Eu não me referia à potência newtoniana, e sim à aristotélica. Sim, esse tema faz parte da filosofia de Aristóteles, aliás, é um ponto crucial para entender o pensamento de um dos maiores filósofos da história ocidental, que viveu lá pelos idos do século VI a.c., mas que continua incrivelmente atual em vários aspectos. Este, por exemplo.

Para Aristóteles, tudo deveria ser visto através do filtro de duas variáveis: o ato e a potência. Ato é estado atual, o presente. Potência é que pode vir a ser. Potência é o futuro encerrado na condição presente, no ato. Uma semente, por exemplo, não é só uma semente – é uma árvore em potência. A semente é o ato, e a árvore é a potência nela incluída e aprisionada.

Seguindo o raciocínio, o ato cumpre seu destino, ditado por sua potência e, assim, transforma-se num novo ato, criando um maravilhoso movimento quase sem fim. Assim, a árvore, que já foi uma semente, agora é madeira em potência, que, por sua vez, será uma casa, uma mesa ou uma cadeira em potência. Ou é lenha em potência, que é calor em potência.

Ou seja, tudo o que é algo pode vir a ser outra coisa. Entretanto, essa potência tem suas próprias limitações, pois uma semente de carvalho não poderá vir a ser um pinheiro. Há uma espécie de destino incluído na potência original.

E não é tudo – ainda há o movimento. Movimento, na visão do filósofo, é o fenômeno por meio do qual algo realiza o destino definido por sua potência. Esse movimento pode ser natural, como o fabuloso e intrincado conjunto de fenômenos biológicos envolvidos na transformação da semente na árvore, que inclui o solo, os nutrientes, os microrganismos e o Sol. E pode ser artificial, quando é promovido pela vontade humana. E esta, sabemos, é tão variável quanto a fertilidade dos solos. Há a terra vermelha, úmida, arejada e cheia de húmus, e há a areia do deserto, seca, silicosa e sem vida. Assim também é a vontade das pessoas.

Reformar é ir além

Para resumir a história, se tivéssemos olhado para aquele apartamento e percebido só o que ele era, não o teríamos comprado e vivido felizes nele pelos seis anos seguintes. Por sorte, conseguimos perceber o que ele poderia vir a ser, após a tal da reforma. E o movimento se deu. Paredes foram removidas, espaços ampliados, o piso e o teto trocados, e a tinta escura deu espaço a cores leves e alegres. O milagre da reforma.

Aliás, em inglês, "reforma" é *makeover*, mas, se você separar as palavras *make* e *over*, surge algo como fazer mais, ir além, superar a situação anterior. A língua inglesa nos oferece uma bela metáfora. Para reformar, transformar, realizar potenciais, é necessário fazer mais, ir além, superar, não estacionar.

É interessante notar como esse conceito da filosofia e da arquitetura pode ser aplicado a tudo o que fazemos. No mundo das empresas, por exemplo, o RH, responsável pela seleção e contratação dos funcionários, sempre leva em consideração duas variáveis: o desempenho e o potencial. O desempenho é avaliado pelo currículo ou por um período de experiência. A pessoa é observada e seu trabalho, analisado. Desempenho vem a ser o trabalho transformado em resultado. É claro que as empresas querem pessoas de bom

COM GENTE É DIFERENTE

desempenho, pois elas mesmas são avaliadas pelo mercado, pelos clientes, em função de seu desempenho. Só que o RH sabe que o desempenho ótimo só surge depois de algum tempo. Por isso avalia os funcionários também a partir do seu potencial, que, por sua vez, está dividido em duas frentes: a capacidade de aprender, evoluir e desempenhar melhor, e a vontade de fazer isso. Capacidade sem vontade não se concretiza. Vontade sem capacidade não tem futuro, infelizmente.

Análises malfeitas do potencial podem provocar desperdícios e até infelicidades. Lembro-me de uma amiga que, no final de um casamento conturbado e triste, dizia: "Eu devia ter percebido que nossa relação não tinha futuro. Era tão óbvio, e não percebi". Pois é, minha amiga, não percebeu porque o entusiasmo da paixão costuma ser mau conselheiro, porque nos torna insensíveis à realidade. Se avaliarmos o então noivo, seu ato era bom, mas sua potência, um desastre. E deu no que deu.

A dialética da vida

No caso do casamento, será que não faltou diálogo? Não sei..., pode ser que tenha faltado dialética, que é um pouco diferente. Para a filosofia, dialética é um método de diálogo cuja finalidade é a contraposição de ideias conflitantes, realizado de maneira que permite o surgimento de novas ideias, que contêm elementos das anteriores, mas que são inteiras em si mesmas. A palavra latina "dialética" significa algo como "caminho entre ideias". Que bela imagem, caminhar em um jardim de ideias para se chegar a algum lugar melhor.

Outro conceito muito caro aos filósofos é o do devir, ou vir a ser, sobre o qual se interessaram mentes brilhantes desde Heráclito até Marx, com importantes pitacos dados por Kant, Hegel e Nietzsche, entre outros grandes do pensamento ocidental.

Respeitadas as idiossincrasias, o assunto versa, com variadas cores intelectuais, sobre o tema proposto pelo primeiro deles, o grego Heráclito, que viveu bem antes de Aristóteles. Foi ele quem disse que disse que "tudo flui", que "o único permanente é a impermanência" e que "não se pode banhar-se duas vezes no mesmo rio". E disse mais: que tudo o que vive habita os opostos, e que a evolução depende dos ciclos criados entre esses opostos. Eis a dialética em sua límpida nascente.

Assim sendo, analisar os fatos da vida como eles são é sinal de lucidez, mas lançar os olhos sobre o que esses fatos podem vir a ser é sinal de sabedoria.

Professores percebem o potencial de seus alunos. Profissionais de RH avaliam o potencial de candidatos aos cargos de trabalho. Empresários fazem previsões sobre o potencial de seus negócios. Mas nenhum deles se acomoda na posição de espectadores da dialética da vida. Buscam atuar para construir o futuro.

Esta é a parte bonita desta história. Nas coisas humanas, a potência está aprisionada no ato, e só é libertada pelo movimento desencadeado pela vontade, usando a principal ferramenta que dispomos: a inteligência.

Analisando algo no presente, você pode chegar a uma entre duas conclusões: você gosta ou não gosta do que vê. Sei que se trata de uma simplificação, mas esta é sempre nossa primeira análise.

Após a análise vem a reação que, em geral, é a seguinte: se gosto, quero; se não gosto, não quero. Primitivo demais. É preciso avaliar o devir. É necessário avaliar o potencial de transformação. Então chegaremos à conclusão tão óbvia

COM GENTE É DIFERENTE

quanto imperceptível, de que tudo vai mudar, e, nessa mudança, pode tanto melhorar quanto piorar. A depender do que? Ora, a depender das atitudes do observador, claro. Sim, já se disse que o olhar modifica os fatos. Não só o olhar, claro, mas o que o acompanha, que são as ações, providências, recursos aplicados, trabalho, determinação, energia.

Já mudamos daquele apartamento, e às vezes sinto saudades dele, apesar de estar em outro melhor. Quando me ponho a examinar esse fato, percebo que a saudade é resultado não só dos bons momentos que lá passamos, mas do movimento que nele provocamos. Ele já existia, mas estava em estado vegetativo. Dependia de nós para voltar a viver. Sim, foi o movimento que liberou sua potência. E assim é a vida.

Novas ideias, novos rumos

Em um mercado altamente competitivo, é necessário encontrar alternativas de diferenciação. Por isso as empresas valorizam funcionários que colaboram com ideias criativas que podem transformar-se em inovações, e, estas, em novos produtos, em processos mais econômicos, em comunicação mais efetiva, em ganho de eficiência. A maioria das ideias bem-sucedidas nasce do grupo de funcionários, que têm a vantagem de estar em contato diário e direto com os problemas e as possíveis soluções.
Estimular a criatividade faz parte da boa gestão de pessoas.

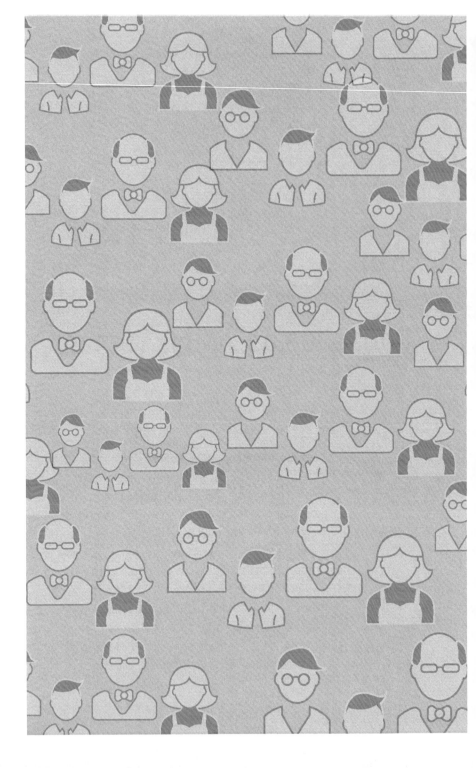

Presenciei esta cena: num bar da intelectualidade curitibana na década de 1970, o jovem jornalista Karam, conhecido por escrever peças de teatro *underground* está sentado sozinho, curtindo seu chope e seu cigarrinho. De repente sua tranquilidade é interrompida por um rapaz que acabara de chegar e que lhe diz:

— Karam, bom lhe encontrar. Estou com uma peça ótima aqui na cabeça.

— Ah, é – responde o outro – e estou com duas aqui embaixo do braço.

A resposta esfriou o ânimo do intruso, e foi uma ótima lição para os jovens que frequentavam o local, todos aspirantes a escritores, dramaturgos, poetas – inclusive eu. Em síntese, o que ele quis dizer foi: "Não me venha com ideias, traga-me logo o que você fez com elas".

Se você observar com cuidado, em casa, no trabalho, nos bares, o mundo todo está cheio de gente com milhões de ideias que nunca realizam, pessoas que nem se empenham em executar seus planos como se fosse suficiente apenas pensar. Afinal, agir dá trabalho, não é mesmo? E depois vem o desconsolo da falta de reconhecimento. Pois é, o mundo é cruel; aprecia as boas ideias, mas valoriza os resultados. Não bastam boas intenções, é preciso mostrar serviço.

COM GENTE É DIFERENTE

O mais provável é que a maioria das ideias se cristalize na forma de intenção. E intenção sem ação vira enrolação. O mundo está cheio de boas intenções, mas não tem mais paciência com os enroladores. Os filósofos – que são especialistas em ter ideias – também se preocuparam com a questão do agir. Aristóteles, por exemplo, considerado um grande pensador, em várias ocasiões insistiu que é preciso pensar para agir, mas é necessário agir depois de pensar. A ação sem o pensamento é perigosa; o pensamento sem a ação é inócuo. "É fazendo que se aprende a fazer aquilo que se deve aprender a fazer" – disse ele, e acrescentou: "Nós somos aquilo que fazemos repetidamente. Excelência, então, não é um modo de agir, mas um hábito".

Essas observações, e tantas outras, constam de *Ética a Nicômaco*, livro que o grego dedicou a seu filho e que escreveu depois de ter sido professor de Alexandre Magno, que, nessa época, já estava em algum lugar entre os Balcãs e a Índia, criando seu império. Esse foi um que não se contentou apenas com ter ideias. Partiu para a execução com a ferocidade de um felino faminto.

O elo perdido

Executar é o segredo. Levantar e partir para a ação, pondo em prática o plano que veio da ideia, mesmo que tal plano esteja repleto de imperfeições. É que o único jeito de corrigi-las é implementar, para então ver o que funciona ou não.

Este assunto é antigo. Percebendo que as pessoas tendem a não ter iniciativa e a ficar esperando que as coisas aconteçam por conta própria, o estatístico norte-americano Walter Shewhart criou, lá na década de 1930, um pequeno diagrama para estimular as pessoas a partir para a ação.

Ele deu ao diagrama o nome de método da melhoria, mas depois ficou conhecido como método PDCA, e que ainda é muito utilizado por ser uma ferramenta de fácil compreensão e aplicação.

Trata-se de um círculo cortado por duas linhas em quatro quadrantes de igual tamanho. Em cada quadrante está uma das letras – P, D, C e A. Esse P está no quadrante superior direito, onde começa o processo – o círculo gira no sentido horário. A virtude desse método simples é que estimula você a agir de forma coordenada: ele recomenda que você planeje (*Plan*), implemente o plano (*Do*), verifique se o mesmo é bom (*Check*) e então o aprimore (*Act*).

Nas empresas esse método é muito conhecido e aplicado. Os gerentes experientes, depois de tentar vários processos mais sofisticados de gestão, reconhecem que a simplicidade do PDCA é sua grande vantagem, pois é fácil de ser compreendido e bastante prático para ser executado. E não é só no mundo empresarial que ele pode ser aplicado, mas também em nossa vida. Tudo o que fazemos tem os mesmos componentes: temos uma ideia, nos planejamos para executá-la e partimos para a ação. Se acertamos, ótimo; se erramos, corrigimos o rumo. Pelo menos é assim que deveria ser.

Muito tempo depois, já em nossos dias, o consultor Ram Charan, que foi o primeiro indiano que virou professor em Harvard e, de quebra, guru dos principais executivos dos Estados Unidos, observou que o que falta no mundo não são ideias, e sim atitudes. Ele colocou suas observações num livro seminal chamado *Execução – a disciplina para atingir resultados*, e todos concordam que ele acertou em cheio. Desde que foi lançado, em 2004 (Editora Campus Elsevier), o *Execução* está entre os livros mais lidos, citados e adotados pelos líderes de equipes de trabalho no mundo corporativo. Com justa razão.

COM GENTE É DIFERENTE

Neste livro há uma frase que é repetida quase como um mantra nas empresas: "O elo perdido entre a ideia e o resultado é a atitude". No mundo corporativo a inovação é vantagem competitiva. Empresas que inovam em seus produtos, serviços e processos se modernizam e crescem. E todos sabem que a inovação depende da criatividade, que começa com a ideia. Entretanto – alertam os mais lúcidos – cuidado com o elo perdido.

Do abstrato para o concreto

Desde que o psicólogo Howard Gardner criou o conceito das inteligências múltiplas, não paramos mais de criar novos conceitos de inteligência. Antigamente, o inteligente era o que fazia contas de cabeça ou o que tinha boa memória, e até o que tinha ideias criativas. Atualmente esse conceito foi relativizado e ampliado. Uma das definições de que mais gosto diz: "Inteligência é a capacidade de converter fenômenos abstratos". Beleza, mas... o que mesmo isso quer dizer?

Então, vejamos. Primeiro é necessário entender o que é um fenômeno abstrato, e depois saber no que é que ele tem de se transformar. Mas é simples: abstrato é o que não é concreto. E concreto é tudo o que tem matéria, ocupa lugar no espaço, pode ser medido e pesado e pode ser percebido pelos órgãos dos sentidos. O concreto posso ver, tocar, agarrar. O abstrato não, mas, cuidado..., isso não significa que não exista.

É nisso que reside a maravilha desse conceito. Uma ideia é abstrata, e a inteligência vai se manifestar na capacidade de converter a ideia em algo real. Do abstrato para o concreto. Simples assim. Inteligência é, sim, a capacidade de utilizar as faculdades mentais para produzir benefício. Para ser considerado inteligente não é suficiente ser inteligente, é necessário usar a inteligência.

Falando em inteligência, o filme *A rede social*, de 2010, que recebeu oito indicações ao Oscar e conta a história da criação do Facebook, está cheio de personagens altamente inteligentes, e é ambientado no compus da Universidade de Harvard, Estados Unidos, e depois no Vale do Silício, Califórnia, onde a revolução da informática teve início. Importante ressaltar que o filme é inspirado numa história real, e bem recente.

O roteiro explora as sessões de conciliação em que participavam Mark Zuckenberg, o hacker que criou o Facebook, os gêmeos Cameron e Tyler Winklevoss e seus respectivos advogados. Em resumo, os irmãos acusavam Zuckenberg de ter se apropriado de uma ideia deles. A defesa, por seu lado, argumentava perguntando por que os pretensos donos da ideia do site de relacionamentos não a tinham, afinal, transformado em realidade.

O dilema ético está posto e pode dar margem a muitas interpretações, mas, como resultado paralelo dessa história, fica a mensagem de que o mérito acaba pertencendo, sim, a quem executa.

Pode ser cruel, mas a História está cheia de exemplos dessa realidade. O próprio filme conta também a história de Sean Parker, que se tornou sócio do Facebook e o ajudou a decolar. Antes, ele tinha sido o criador da ideia de que músicas poderiam ser baixadas pela internet e criou o site Napster, que funcionava, mas nunca virou um negócio. Tempos depois, Steve Jobs lançou o iTunes, que revolucionou a indústria fonográfica e que domina esse mercado até hoje. De quem é o mérito?

Talvez por ter aprendido a lição, Parker age diferente quando se junta a Mark, e consegue um investidor que dá fôlego ao grupo e viabiliza o negócio, enquanto o brasileiro Eduardo Savarin, companheiro de primeira hora de Mark,

COM GENTE É DIFERENTE

tentava, inutilmente, conseguir patrocínio. Quando este se revolta e alega que foi traído na Califórnia enquanto ralava em Nova York buscando anunciantes, Mark lhe pergunta: "E quantos conseguiu?". Como não conseguira nenhum, ele teve de se calar.

Uma longa jornada sempre começa com o primeiro passo, e o primeiro passo é a ideia. Pois é. Uma boa ideia sempre é o começo de tudo, mas é apenas isso: um começo. Para chegar a algum lugar, entretanto, é necessário dar os passos seguintes.

A dignidade de servir

Em uma sociedade, tudo o que é feito, é feito por uma pessoa para outra pessoa. Mesmo sem perceber, todos nós estamos servindo aos demais. Quando esse princípio é apropriado e praticado, temos a elevação da dignidade humana. Estimular membros de uma equipe a praticar, cada vez mais, o ato de servir, é uma prática nobre da Gestão de Pessoas.

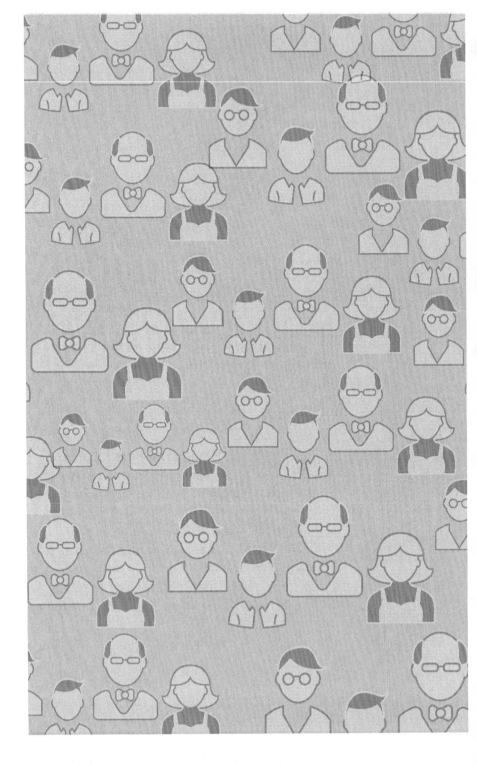

uando meu amigo Juliano desembarcou no aeroporto internacional Benito Juárez na cidade do México, onde passaria um tempo na filial da empresa em que trabalhava, sabia que tinha muito que aprender sobre os costumes locais. Esse é o grande desafio dos "expatriados", como são chamados os executivos ou técnicos das grandes empresas multinacionais que trabalham fora de seus países, às vezes por longas temporadas.

Juliano era experiente, já havia morado na Itália e nos Estados Unidos, mas estava especialmente excitado com os mexicanos, que têm fama de hospitaleiros. Só não esperava a variedade de emoções que experimentou na terra dos mariachis e das enchiladas.

Ainda no aeroporto começaram os aprendizados. Quando foi ajudado por um funcionário com suas bagagens, agradeceu a gentileza. *Gracias* – disse. E ouviu como resposta: *Para servirle a usted, señor* ("para servi-lo", em vez de "de nada" – ou, como dizem os norte-americanos, "você é bem vindo" ou "sem problema").

"Faz sentido, trata-se de um funcionário" – pensou –, "está aqui para servir aos que chegam a seu país". Entretanto à medida que os dias passavam, ele se deu conta que era assim que qualquer pessoa, em qualquer lugar, respondia a uma manifestação de agradecimento: *para servirle* é o

COM GENTE É DIFERENTE

"de nada" dos mexicanos. Entre tantos, este foi um dos traços culturais que mais encantaram meu amigo naquele país da América do Norte – a disponibilidade para servir ao semelhante. E não, não se tratava de uma postura servial, e sim um posicionamento ético – percebeu. Afinal, é para isso mesmo que existimos, para coexistir, o que inclui servir. Nós, os humanos, somos extremamente frágeis perante a Natureza. Só nos tornamos fortes em conjunto, por meio da colaboração, da ajuda mútua, da complementaridade das competências, da soma dos saberes e, claro, da disposição para servir ao outro. Mais do que um atributo cultural, o servir ao semelhante é um determinismo genético, que pode, naturalmente, ser incorporado e ampliado ou negado e diminuído, a depender da educação e do caráter de cada um.

O servir no trabalho

Há uma visão clássica da economia que a divide em três setores: o primário, responsável pela produção de bens naturais; o secundário, que é quem faz as transformações industriais; e o terciário, que entrega os produtos aos consumidores finais. Resumindo, falamos em agropecuária, indústria e serviços. O primeiro depende de terra, o segundo de máquinas e o terceiro de gente. Essa divisão não está errada, mas é muito simplista. A começar pelo fato de que todos os setores dependem das pessoas. Tudo o que existe foi feito por alguém para alguém.

Além disso, na busca de conquistar o cliente, as empresas de todos os setores tratam de entender o consumidor, seus hábitos, necessidades e desejos. Para quê? Ora, para servi-lo bem e assim obter sua fidelização. Atualmente, não só bancos e restaurantes caprichamm no serviço, frigoríficos e fabricantes de automóveis se esmeram em estudar os mínimos movimentos de seus clientes com a finalidade de antecipar-se às suas necessidades e... servi-los melhor.

Saber servir virou vantagem competitiva para todos os setores, imagine então o que significa para o setor chamado "de serviços", como o comércio, gastronomia, educação, saúde e transporte. Para estes, não é só vantagem competitiva, é função vital.

Empresas dispostas a servir, independentemente do setor a que pertençam, demonstram isso em sua cultura e no comportamento de seus funcionários. Aliás, as pessoas também são assim. Quem tem sempre presente a disposição para servir aos demais, sendo útil a seus amigos, familiares, estranhos, funcionários, chefes ou clientes, costuma apresentar algumas qualidades de personalidade que lhe são naturais ou que foram desenvolvidas durante sua educação. Entre elas, podemos salientar a observação, a intenção, a gentileza e o protagonismo.

O ato de servir aos outros a qualquer momento em que isso seja necessário pertence ao campo do comportamento, e não só da competência. Notamos com clareza as pessoas disponíveis e generosas. Elas são mais visíveis que as demais porque irradiam uma espécie de luz que as distingue e as enaltece.

Há profissões cuja especialidade é servir, como garçons, recepcionistas, enfermeiros, vendedores, comissários de bordo, e há aquelas cujas competências essenciais são outras, como calcular, operar máquinas, fabricar coisas. Entretanto, em todos os diferentes tipos de profissionais encontramos nítida a disposição para servir. Para os primeiros seria uma obrigação, o que não garante que todos a tenham, nem que os segundos não possam tê-la. Quem nunca foi atendido por um garçom mal-humorado ou foi recebido por uma recepcionista que não sorri nem olha nos olhos?

COM GENTE É DIFERENTE

Felizmente existe a contrapartida. Quase todos nós nos lembramos de uma pessoa a quem pedimos uma informação e que só faltou nos levar até o endereço. Ou de um motorista de táxi que fez questão de nos ajudar com as malas até o interior do prédio. São pessoas assim que nos fazem continuar acreditando na humanidade numa época de tanto individualismo, indiferença e violência moral. E estes são os que têm, como consequência natural, mais sucesso em seus trabalhos e carreiras.

O servir na vida

Vejo que há dois tipos de pessoas com disposição para servir aos outros: os serviçais e os humanistas. Os serviçais servem por profissão, os humanistas por convicção. E quem serve por profissão e por convicção pode ser chamado de líder, independentemente de ocupar ou não uma posição de comando. Acontece que quem age assim está liderando uma mudança, a começar pela postura de quem está sendo servido, e, a seguir, pelo mundo, que está ficando melhor por sua causa.

Recentemente, tive uma reunião de trabalho com o presidente de uma grande empresa. Após me identificar, fui conduzido por uma secretária simpática até uma sala de reuniões. "O presidente pediu que o senhor o aguardasse aqui, professor. Ele já está a caminho", disse, sorridente, antes de me deixar sozinho naquele ambiente elegante.

Depois de alguns minutos chega o presidente, um homem alto, com semblante sereno, de ascendência oriental. Após os cumprimentos de praxe, a pergunta também de praxe em nosso país: "Toma um café?", perguntou. "Sim, claro" – aceitei, esperando que ele, na sequência, ligasse para a secretária transferindo o pedido. Para minha surpresa, o presidente da empresa saiu da sala e minutos depois voltou com a pequena xícara em suas mãos, dizendo algo como "Espero que esteja bom". O CEO me serviu o café! Imagine como transcorreu a reunião.

Você pode estar pensando que não há nada de mais nesse ato, mas posso garantir que ele, definitivamente, não é comum. O normal seria que o café fosse servido por uma copeira ou um garçom. Com o tempo fui percebendo que, naquela empresa, a simplicidade, a leveza das relações e o ato de servir faziam parte da cultura, e seu presidente, claro, tinha de dar o exemplo. E foi o que ele fez, sem afetação nem artificialidade. Para ele, servir era natural.

A essência de servir

E assim são tantas pessoas, felizmente. A todo instante temos a chance de servir a alguém, facilitando sua vida e engrandecendo a nossa. Servir é, ou deveria ser, a essência do ser humano. Quem não cultiva o hábito, não o faz por um entre três motivos, quando não mais de um: desatenção, desinteresse ou prepotência.

Os desatentos são os que conservam seus olhos em seus próprios umbigos. Não se dão conta do que acontece ao seu redor, o que inclui as necessidades alheias. Não o fazem por mal, apenas não estão conectados, atentos ao seu entorno. É aquele que entra no elevador e solta a porta sem se dar conta de que você está chegando. Ele poderia segurar a porta por alguns instantes e evitar que você tenha de esperar o elevador voltar. Mas não se deu conta...

Os desinteressados talvez se deem conta, no entanto, não têm o menor interesse em colaborar, a não ser que vejam alguma vantagem nisso. É uma atitude egoísta, mas, infelizmente, bastante frequente. Seu slogan poderia ser:

COM GENTE É DIFERENTE

"O que eu ganho com isso?". Aquele jovem na universidade que oferece carona à colega só porque está interessado nela ou o funcionário que se oferece para ajudar o chefe, mas não o colega, afinal, este não pode promovê-lo.

E há ainda os prepotentes, aqueles que têm absoluta convicção de que são superiores aos demais e nunca precisarão de ninguém. Você conhece o tipo. Ele tem certeza de que nasceu para ser servido e não para servir. "Que audácia, veja só!", respondem quando alguém lhe pede para colaborar.

Mas eles não são a maioria. Ainda vejo, em minha cidade, nas ruas, no condomínio, no trabalho, em hospitais, uma legião de seres humanos dignos do nome. Não são serviçais nem subservientes, são os membros ativos da sociedade, aqueles responsáveis por podermos chamar a humanidade de civilização. O que nos torna verdadeiramente humanos não é a anatomofisiologia, e sim a sociobiologia.

O ato de servir, definitivamente, não tem relação com profissão, função, classe social, sexo ou idade. Tem a ver com disposição, qualidade moral, elevação espiritual. Não há nada de subserviência em servir. Servir engrandece.

Queremos os insatisfeitos

A insatisfação é um bom traço de personalidade quando se refere à injustiça, à incompetência, à acomodação espontânea, ao desinteresse endêmico, ao desempenho mínimo. Pessoas satisfeitas não se revoltam, não reagem, não colaboram.

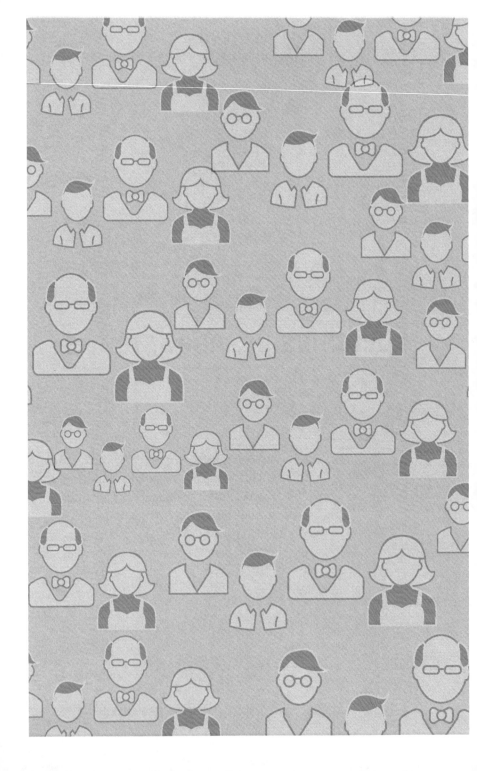

— Meu filho, fuja de dois tipos de pessoas: dos que querem tudo e dos que não querem nada.

A frase é de um velho mestre de quem tive o privilégio de ser aluno-assistente no curso de medicina. Descendente de libaneses, admirador do poeta Gibran Khalir Gibran, o Prof. Jorge Karam lecionava fisiologia humana, mas, nos anos em que privei de sua companhia, ele estava naquela idade em que os homens, naturalmente, afastam-se da fisiologia e se aproximam da filosofia.

O conselho apareceu no meio de uma discussão em grupo sobre a insatisfação humana. Alguém havia perguntado por que o homem é um eterno insatisfeito, e emendei, tentando entender o que leva uma pessoa a acumular mais riqueza do que pode gastar no resto de sua vida, enquanto outros têm tão pouco que não conseguem garantir sua sobrevivência de amanhã. O que diferencia o milionário Jay Gatsby do pobre pescador Santiago, só para ficarmos no mundo da literatura norte-americana, comparando um personagem de Fitzgerald a um de Hemingway?

Eu estava naquela idade em que sobram perguntas e faltam respostas convincentes, e estas vêm principalmente daqueles que tomam atitudes mais radicais. Era mais fácil entender Guevara do que Gandhi. Ainda tínhamos o pensamento simples de resolver a desigualdade tirando dos que

COM GENTE É DIFERENTE

têm dando aos que não têm. Éramos Robin Hoods universitários, dispostos a mudar o mundo. Era correto odiar o arrogante Gatsby e amar o humilde Santiago.

O professor, então, com sua paciência árabe, explicava que realizar sonhos, construir carreiras e possuir coisas materiais são desejos absolutamente naturais, esperados e até necessários, pois deles nasce o progresso. "O problema", dizia ele, "só surge quando ambição vira ganância ou quando alguém é prejudicado. Fora isso, a insatisfação é benéfica e, se não existir, principalmente na juventude, alguma coisa vai mal em sua cabeça".

O Prof. Karam costumava citar Khallil Gibran com frequência. Certa vez quando ouviu outro professor criticar os alunos que subiam a escada correndo, saltando os degraus, disse-lhe: "É que eles são águias, e águias não sobem escadas". Tratava-se de outra frase do poeta libanês ainda menino, em resposta ao diretor de sua escola, numa situação semelhante àquela, deixando claro que em seu peito batia um coração de águia, e não de galinha.

A abelha e a flor

Eu me considerava um privilegiado, pois havia percebido, na rotina do hospital-escola, que eu tinha sido abençoado pela sorte. Em um país de deserdados, eu tinha saúde, inteligência, oportunidade. O contato com a doença que deriva da pobreza e da ignorância marcou meu espírito para sempre. Eu chegava ao ambulatório bem-alimentado, bem-dormido, bem-amado, e encontrava gente faminta, doente, abandonada. "Estas doenças não têm nada a ver com medicina" – dizíamos, meus colegas e eu – "Elas são doenças sociais".

O contato com a miséria estava fazendo com que eu questionasse meus sonhos de juventude. Estava diminuindo minhas ambições para, inconscientemente, nivelar-me com as pessoas que eu atendia e, dessa forma, sentir menos culpa. Sim, eu tinha razão quanto àquelas pessoas. Elas não eram doentes, apenas estavam doentes, como disse Monteiro Lobato referindo-se a Jeca Tatu. Estavam doentes porque eram ignorantes, e eram ignorantes porque o meio onde nasceram e cresceram era pobre, desassistido, abandonado. Abandonado por quem? Ora, pela sorte, pelas autoridades, por Deus... sei lá. Então, eu me achava meio responsável e meio culpado por aquela situação.

E meu mestre queria me mostrar que, sim, eu era parcialmente responsável, mas, não, absolutamente não era culpado. E a única coisa que eu podia fazer para minorar aquela situação seria cumprir com meu papel, minha responsabilidade de pessoa estudada, dotada do poder de tratar, acudir, ajudar, e, acima de tudo, ensinar. O que eu não podia, em hipótese alguma, era cair na armadilha da vitimização. E muito menos do apequenamento. Fazer-me de vítima ou diminuir-me diante do sofrimento das pessoas não me ajudaria a ajudá-las. Eu devia querer mais, até para estar melhor para lutar.

O mesmo Khalil Gibran disse: "Para a abelha, uma flor é uma fonte de vida. Para a flor, uma abelha é mensageira do amor. Para ambas, dar e receber são uma necessidade e um êxtase". As pessoas que resolvem querer pouco da vida porque não consideram justo terem muito enquanto outros têm tão pouco, colaboram tanto com o meio social quanto aqueles que querem tudo para si, sem se preocupar com os demais. O egoísmo faz uma pessoa querer só para si; o altruísmo leva a pessoa a querer para si e para todos. Ser altruísta não é privar-se, é doar-se. E só doa quem tem o que doar, ou ainda, só se doa quem se tem.

A maneira mais simples de abordar o tema da insatisfação humana é entender a distância que há entre ambição e ganância. Explicar que ambição é um sentimento bom, pois ele promove o crescimento, a busca intelectual, a dedicação ao trabalho, a superação dos limites. E que ganância é uma qualidade deplorável, pois o ganancioso quer cada vez mais para si em detrimento dos outros. Ambos são eternamente insatisfeitos, e sempre acham que têm um destino maior. Só que o ambicioso quer chegar lá para se realizar e compartilhar, enquanto o ganancioso quer chegar primeiro para pegar a parte maior e não ter de repartir. O ambicioso constrói, o ganancioso destrói. A ambição pertence às qualidades do homem, a ganância aos seus defeitos.

A satisfação que segura

O filósofo Mário Sérgio Cortella, em seu livro *Não nascemos prontos* (Vozes), ensina que o homem insatisfeito é o que tem o poder de provocar mudanças a seu redor. "A satisfação conclui, encerra, termina; a satisfação não deixa margem para a continuidade, para o prosseguimento, para a persistência, para o desdobramento", diz ele. Ele alega que não tem afeição pelos satisfeitos, pois "a satisfação acalma, limita, amortece", e ele prefere os que estão em movimento, os insatisfeitos.

Felizmente a insatisfação é uma condição humana, pertence à categoria dos instintos de sobrevivência, e responde pela evolução. O satisfeito estanca, o insatisfeito galopa. Cortella cita Guimarães Rosa, que dizia que "O animal satisfeito dorme", e por isso é morto pelo predador. A insatisfação do leão por comida, espaço e fêmeas lhe proporcionou a condição de rei da savana. Ele sempre quer mais. E é sua ânsia de querer que gera movimento em seu grupo e estimula tanto seu poder de caça quanto a atenção dos gnus e das zebras. Estamos, simplesmente, falando da evolução das espécies.

Entre os humanos, a insatisfação também provoca evolução. O satisfeito para, o insatisfeito continua. Quem está satisfeito com seu desempenho no trabalho não trata de melhorá-lo. O homem que se sente satisfeito com sua relação amorosa interrompe o galanteio, a conquista, e dá início ao fim. Quanto à mulher, a melhor é a insatisfeita, que deseja mais de seu companheiro, por essa razão o estimula e cresce com ele. A plenitude gástrica das relações provoca sono, o desejo de querer mais desperta e levanta.

Meu professor, ao comparar as pessoas que querem pouco àquelas que querem tudo, queria mostrar ao então jovem cheio de dúvidas e angústias que ser ambicioso, desejar da vida tudo o que ela pode oferecer, estar inconformado com o que se é e o que se tem é absolutamente salutar, especialmente na juventude. Errado seria nada querer, ou pouco desejar.

Portanto, a insatisfação é boa, o problema é a ansiedade que ela gera. É dela que nos queixamos e desejamos nos livrar. Mas, em nossa cabeça confusa, misturamos as coisas e achamos que a satisfação originada por uma diminuição nas expectativas diminuirá a ansiedade. Pode ser, mas, com o tempo, poderá gerar frustração, o que, convenhamos, é muito pior.

A insatisfação que empurra

Saiba que seu destino é traçado pelos seus próprios pensamentos, e não por alguma força que venha de fora. Seu pensamento é a planta concebida por um arquiteto para construir um edifício denominado prosperidade. Você deve tornar o seu pensamento mais elevado, mais belo e mais próspero.

A frase acima tem um poder oculto. Ela nos leva a pensar que podemos ter mais do que temos hoje, e não só podemos, como também merecemos. Que a partir da

COM GENTE É DIFERENTE

maneira como organizamos nossos pensamentos, estruturamos a vida para conseguir retirar dela tudo o que ela tem para nos oferecer. A frase também sugere que há um jogo de forças entre o interior e o exterior de uma pessoa, e que a qualidade do pensamento, que é uma força interna, é o que dará o tom do seu destino. Insiste na ideia da prosperidade, mas a vincula à beleza e à elevação humana.

É uma frase que pode tirar uma pessoa do conformismo, da passividade, e levá-la a acreditar que a todos nós é dado o direito de querer mais, de ser ambicioso, insatisfeito. Ela nos diz que quem está satisfeito se deixou vencer pelo que vem de fora, entregou seu destino aos outros, ao sistema e abdicou do controle sobre sua própria vida.

Há frases que são assim. Elas nos fazem pensar e sentir, e custam a desgrudar do nosso cérebro. Em geral são pronunciadas por pessoas insatisfeitas, pois os satisfeitos estão gozando sua satisfação e não têm tempo nem necessidade de pensar, quanto mais construir ideias de mudança. A frase em questão não é de nenhum escritor de livros de autoajuda nem de um guru do mundo dos negócios. Seu autor, entretanto, foi um homem altamente inconformado com sua vida e com a vida do seu povo. Seu nome era Martin Luther King. E olha só o legado que esse insatisfeito deixou com seu sonho de mudar o mundo.

Ética é fazer a coisa certa

Não há um agrupamento humano (como são as empresas) que não obedeça a alguma ética, se a entendermos como um conjunto de regras, escritas ou consensuais, que definem o padrão de comportamento de seus membros. As pessoas precisam entender a ética presente. Por isso, esse tema tão importante faz parte da Gestão de Pessoas, que deve defender a ética boa, moral.

o filme *Antes de Partir* (imperdível), dois homens (os monstros sagrados Jack Nicholson e Morgan Freeman) na casa dos 70 anos são informados por seus médicos que têm pouco tempo de vida. Nicholson faz o papel de um milionário sem caráter, e Freeman de um homem nobre e sábio. Este elabora uma lista de coisas que gostaria de realizar "antes de partir", o outro gosta da ideia e ambos saem pelo mundo em busca das aventuras que não tiveram tempo ou condições de realizar ao longo da vida. (O título em inglês é *Bucket List*, derivado da expressão *To kick de bucket*, ou "Chutar o balde", que, para os bretões significa "morrer", assim como por aqui diríamos algo como "bater as botas".)

Uma das cenas mais tocantes acontece quando ambos observam as pirâmides no Egito, e o personagem do Freeman conta que os antigos egípcios tinham uma bela crença sobre a morte. Quando a alma deles chegasse ao céu, os deuses lhes fariam duas perguntas, cujas respostas determinariam se eles seriam, ou não, admitidos. A primeira pergunta era: "Você foi feliz nesta vida?". E a segunda: "Sua vida fez outras pessoas felizes?". Bastava que uma das respostas fosse negativa para que a alma fosse condenada à danação eterna.

COM GENTE É DIFERENTE

Olhando esta cena mais de perto, notamos que ela trata exatamente do tema da ética, pois as duas perguntas definem com precisão o verdadeiro significado de uma relação construída sobre bons princípios – atender seus próprios interesses sem prejudicar os interesses dos outros.

Algo que se aprende com o tempo

Ética é algo que pode – e deve – ser aprendido, pois, quando nascemos, só temos instintos, e estes defendem apenas nossos interesses pessoais. Ética nós a desenvolvemos enquanto amadurecemos e viramos pessoas que se relacionam com outras pessoas. E aprendemos, claro, a partir do comportamento daqueles que nos servem de modelo, a começar pelos nossos pais, que inauguram a lista de influências que teremos ao longo de nossa vida.

Depois virão os professores, os artistas, os ídolos do esporte, os chefes no trabalho, os políticos e todo o conjunto de indivíduos que formam o que chamamos de sociedade. E aprendemos muito mais a partir de exemplos que começamos a imitar, do que a partir de instruções, pois estas, sem exemplos de conduta, são vazias. É claro que o estudo, a literatura, a história também são formadores de pensamento ético, pois, por meio deles conhecemos exemplos de experiências anteriores, que servem de guia para imitações ou repúdios.

Em todos os ambientes, a ética é importantíssima, não construímos uma sociedade que não preste atenção nela. Mas, afinal, qual sua origem, sua explicação lógica? Várias vezes já me pediram definições de ética, e sempre procurei as respostas nas fontes clássicas. Os gregos diziam coisas variadas, desde "Lugar seguro onde convivemos com nossos iguais" até "Código de conduta que dá harmonia aos relacionamentos" e "Estado da mente que nos aproxima dos deuses". Criativos, os gregos.

EUGENIO MUSSAK

É que a palavra ética deriva do grego *ethos*, que significa tanto "costume" ou "hábito" quanto "caráter", mas também tem o sentido de "habitação", portanto poderíamos dizer que ética pode significar o conjunto de hábitos que permitem o convívio entre as pessoas. É o caráter que permite que as pessoas "habitem" a habitação – ou ambiente, como dizemos hoje. É algo a se prestar atenção, portanto.

Os romanos, mais pragmáticos, definiram ética como um "Código de conduta que facilita o relacionamento humano e permite a criação de um ambiente dotado de equilíbrio, justiça, progresso e harmonia". Era assim que eles queriam criar uma cultura que fosse a base de uma civilização inteira, e Roma só entrou em decadência quando a ética passou para a categoria das coisas menos importantes, por culpa de alguns imperadores corruptos e devassos. Mas não podemos nos esquecer de que os romanos nos legaram os conceitos de direito e justiça. Nas faculdades de advocacia, estuda-se o direito romano como a grande fonte de inspiração.

O cristianismo também foi importante nesta matéria, e acertou em cheio quando adotou o lema "Fazei aos outros o que desejas que façam a ti". Estava, na verdade, falando de ética. Aliás, a ética, que é construída a partir de instruções e exemplos, tem três fontes bem-definidas: a religião, as leis e a moral. De certa forma, a religião e as leis impõem uma conduta ética, pois estabelecem limites das ações, e definem castigos para a desobediência. Já a moral, essa considera a ética uma virtude que se basta por si mesma. Nesse caso, nós nos referimos à ética como uma espécie de "filosofia moral" – este é seu melhor formato.

Dessa forma, somos éticos porque isso nos faz bem, e não porque temos medo de uma punição. Se você não infringe uma lei do trânsito porque a aceita e, portanto, é coautor dela, nesse caso, você é ético. Se só respeita aquela lei porque tem um guarda na esquina, você não é. Simples assim.

COM GENTE É DIFERENTE

Num dos *Diálogos de Platão*, Sócrates conversa sobre ética com Glauco, e lhe diz que "Este assunto diz respeito ao que há de mais importante: viver para ao bem e viver para o mal". A visão do filósofo era de que a maneira como convivemos em conjunto será determinante para a criação da grande razão de ser de cada um de nós: a busca da felicidade. Esta, dizia ele, não é uma dádiva divina sem sentido. É uma espécie de recompensa de um esforço conjunto, em que a felicidade de um se reflete na felicidade dos demais, retroalimentando um estado permanente de criação do bem--estar e da elevação espiritual. Esse é o campo da ética.

Ética boa, ética ruim

Sem dúvida, prestar atenção à ética vigente é uma condição indispensável quando convivemos com pessoas em um ambiente, em qualquer âmbito. Todas as organizações, por exemplo, trabalham em cima de uma ética, que às vezes está clara, explícita, e às vezes não – nesse caso, ela existe de qualquer maneira, e os "habitantes" a praticam silenciosamente.

O que tem de ficar claro é que um código ético está sempre presente em agrupamentos humanos, o que não quer dizer que ele seja sempre bom. No crime organizado, por exemplo, há uma ética regendo as relações entre os participantes, ainda que em seu arcabouço encontrem-se comportamentos de contravenção, crimes, ameaças, constrangimentos humanos. Apesar disso, ética sempre existe, pois é próprio das ações grupais que se estabeleça o "código de ética", a partir do qual as pessoas passarão a se comportar. Está claro, então, que um código existirá de qualquer maneira, por isso a preocupação na criação de uma ética boa, moral, saudável em ambientes controlados, como escolas, empresas associações e, evidentemente, famílias. Seu reflexo será sentido na sociedade como um todo.

Como vimos, comportamento ético é o comportamento esperado em função do código estabelecido no grupo. É claro que entre bandidos se espera que um novo membro seja tão bandido quanto os demais. É lógico que não é assim que devemos funcionar. Ou seria possível alguém dizer: "Fui conivente com a corrupção, porque esse é o costume (ética) da empresa?". É aquele velho e detestável chavão do "Sou, mas quem não é?".

De fato, há empresas nas quais a ética não é exatamente exemplar. Mas uma empresa assim, com uma ética não moral – ou aética –, não deve servir para se trabalhar. E ponto. A construção de uma carreira deve ser maior do que um emprego, por isso o alinhamento com uma ética adequada é fundamental. No filme *Conduta de risco*, com George Clooney, há um exemplo espetacular sobre esse tema.

Clooney representa um advogado chamado Michael Clayton (que é o nome original do filme). Ele trabalha em um grande escritório de Nova York, especializado em defender empresas que, para atingir seus objetivos, não pensam duas vezes antes de agredir a natureza, os interesses coletivos ou a lei. Os advogados que trabalham nesse escritório são considerados "faxineiros" – limpam a sujeira dos outros.

É claro que nosso herói acaba se deparando com um desses momentos da vida em que os valores estão em jogo, mais do que os interesses mundanos. Em meio a uma imensa crise pessoal, ele se vê diante da grande decisão de sua vida: defender os interesses de uma empresa-cliente, e assim favorecer seus acionistas, ou optar pela verdade, e privilegiar a sociedade. Não vou contar o final – veja o filme.

Este é um tema moderno e, a partir dele, podemos dividir as empresas em dois tipos: aquelas que têm como principal missão atender aos interesses dos acionistas, os *shareholders*; e as que também se preocupam em atender

COM GENTE É DIFERENTE

às necessidades e aos desejos dos *stakeholders*, ou seja, de todos aqueles que ajudam a sustentar a empresa e que sofrem os efeitos de seus atos; como os funcionários, os fornecedores, os clientes, a comunidade em geral – e, em alguma instância, todo o mundo. Empresas desse segundo grupo abrem mais espaço para a ética, e não apenas porque optaram pela "filosofia moral", mas porque está provado que assim atingem melhores resultados financeiros, além de colherem os benefícios da satisfação geral.

É evidente que as organizações têm influência sobre o comportamento das pessoas, mas, independentemente disso, deve ser preservada a ética individual, representada pela maneira como as pessoas devem tratar umas às outras, e como devem se portar diante da empresa, organização ou categoria profissional em que estão inseridas.

Às vezes o comportamento ético pode provocar choques culturais, especialmente em um país como o nosso, onde vigorou durante muito tempo tal "Lei de Gerson", baseada em um comercial de cigarros que dava como sinal de competência o "levar vantagem em tudo" – ou, traduzindo: interesses pessoais acima dos interesses coletivos. Temos um senso comum, que surgiu aparentemente desde o descobrimento do Brasil, de que cometer pequenos delitos é perfeitamente justificável, e até elogiável, como sinal de esperteza ou de inteligência. É uma característica da moral dicotômica do nosso país, mas que vem sendo modificada muito rapidamente, felizmente – e isto está acontecendo por iniciativas dos cidadãos, cada vez mais conscientes.

Sabemos que somos éticos quando não temos nenhuma dificuldade em compartilhar com qualquer pessoa, especialmente nossa família, tudo aquilo que fazemos em nossa atividade diária. Mas há outras pistas. Pense se você prefere:

a) Utilizar a honestidade ao lidar com qualquer situação.

b) Assumir sua responsabilidade em qualquer circunstância.

c) Agir de acordo com seus princípios sempre.

d) Usar de humildade, considerando que você pode errar e que seus acertos nunca serão apenas seus.

e) Considerar as verdades dos outros, evitando emitir juízos precipitados.

Acredite, o exercício da ética boa dignifica o ser humano. Sem ela, o mesmo embrutece. A importância da conduta ética em todos os tipos de relações é cada vez maior, pois a ética organiza o comportamento, torna possível a convivência e forma o substrato para o desenvolvimento das pessoas em sociedade. E é também a ética que, em sua manifestação espontânea e justa, determina as bases da felicidade, que nunca pode ser individual, egoísta, solitária. Por isso, não se pode tergiversar sobre esse assunto. Como disse Einstein: "A relatividade se aplica à física, não à ética". E ponto final!

Diante de dilemas morais

A relação entre os resultados obtidos e a maneira como se chegou a eles não é apenas uma questão de eficiência.
Também é assunto da ética.
Em uma época em que o respeito aos valores passou a ser vital para as corporações que querem vida longa, é vital entender que os fins nem sempre justificam os meios.

— É claro que você pode. Mas deveria se perguntar se você deve.

Com essa afirmação questionadora o Prof. Jorge respondeu à minha insolência. Eu havia lhe perguntado, valendo-me de certa liberdade conquistada com o mestre, se eu poderia assinar a lista de presença por meu colega Ricardo, que estava ausente e andava meio pendurado em faltas.

Estávamos no curso médico, e aquela era uma aula de laboratório, e meu amigo, como eu, lutava para estudar medicina, pois não vinha de uma família de recursos. Ainda que numa universidade pública, o curso de medicina é caro, visto que precisa de muitos livros e instrumentos, além de revistas e ocasionais cursos e congressos que se aconselha a participar. Eu sabia que Ricardo estava trabalhando, ou deveria estar.

E sabia disso porque eu também era da turma que tinha de defender uns trocados para conseguir sobreviver, e ainda manter a rotina de um curso extremamente exigente, em presenças e estudo. Com nosso espírito transgressor não víamos nada de mais um cobrir a falta do outro, assinando em seu nome na lista de presença de vez em quando. Eu não via nada de mal, até aquele dia.

Quando o Prof. Jorge aproximou e contrapôs os dois verbos – poder e dever – ele abriu a porta de um dilema

COM GENTE É DIFERENTE

moral que eu jamais havia enfrentado conscientemente. Descobri que há coisas que podemos fazer – basta ter competência –, o que não significa que devemos fazer –, e, para decidir, temos de consultar nossa lista de valores pessoais, além da lista de nossas necessidades.

A consciência de conduzir sua vida levando em consideração essas duas qualidades – o poder e o dever – é um sinal da maioridade do homem. Em seu livro *O que é ilustração*, Immanuel Kant nos explica que há uma imensa quantidade de pessoas que parece que se esforçam para ficar na menoridade; o que não tem nada a ver com a idade, e sim com a conduta.

Um homem em estado de menoridade é aquele que transfere suas decisões e nega-se a assumir responsabilidade pelo que se faz a outro, um condutor, que define o que o menor pode e deve fazer. Ainda que ninguém esteja livre de receber a influência dos outros, os menores são os que dependem permanentemente dessa influência, que determina suas ações e os mantém sob controle. Os menores não lidam bem com os dilemas morais da vida.

Então, um dilema moral nos coloca diante de uma decisão existencial. Mas a escolha não estaria relacionada com a necessidade do momento?

Vejamos algumas histórias esclarecedoras:

Primeira. Ignácio está passeando com sua namorada Cláudia, por quem está perdidamente apaixonado. Eles estão no Rosedal de Buenos Aires, um maravilhoso parque localizado no badalado bairro de Pelermo, onde se cultivam mais de mil diferentes espécies de rosas. Um belíssimo jardim e pra lá de romântico, no coração de uma cidade que, por si só, já estimula ao romance e ao galanteio, marca registrada dos hermanos portenhos. De repente, Cláudia insinua que adoraria ter uma daquelas rosas só para si.

EUGENIO MUSSAK

Pode Ignácio, em um arroubo, arrancar uma, apenas uma daqueles milhares de rosas e oferecê-la a Cláudia, que ele descobriu ser a mulher da sua vida, provando que seu amor não vê barreiras para se manifestar? Certamente que sim, para isso basta ultrapassar a pequena cerca meramente delimitadora que separa o passeio do jardim, abaixar-se e colher a rosa que lhe parecer mais bonita. Ignácio pode fazer isso, claro. É fácil e rápido.

Mas e a segunda questão? Deve ele fazer tal travessura? Se ele achar que sim, estará considerando que aquele jardim lhe pertence, é propriedade dele, portanto pode dispor dele como lhe parecer melhor. Só que o jardim não é do Ignácio; o jardim de rosas é público, pertence à cidade, é propriedade de todos os cidadãos e turistas que por lá passam todos os dias. Aquelas flores foram plantadas para embelezar minha cidade, e não para facilitar a vida de galanteador barato. Se cada pessoa que lá for decidir pegar uma rosa, adeus jardim. Ignácio pode, mas não deve.

Segunda. O jovem Severino está procurando um emprego desde que chegou do Piauí. Ele veio atraído pela informação de que em São Paulo está sobrando trabalho, que as fábricas estão contratando centenas de operários novos, que os restaurantes precisam de muitos garçons e que os prédios estão sempre procurando porteiros e zeladores. Ele tem certeza de que vai se dar bem.

Recém-chegado a São Paulo, Severino foi recebido por seus conterrâneos que vivem em uma espécie de república do Piauí, onde sempre cabe mais um, seguindo a lógica da generosidade nordestina. Só que ele era bem-vindo apenas enquanto estivesse buscando por emprego, depois teria de procurar outro lugar para morar, uma vez que já teria renda para pagar um aluguel. Seu dever era, a partir de segunda-feira, encontrar um trabalho. E ele era consciente de seu dever.

COM GENTE É DIFERENTE

Com o jornal na mão, bem cedo, seguindo orientações dos amigos veteranos, foi atrás do sonhado emprego, que lhe daria vida digna a confortável. Mas os dias e as semanas se passaram e Severino percebeu que a vida na cidade grande era mais difícil do que imaginava. Havia sim empregos, mas sua parca qualificação não lhe abria as portas de nenhum deles. Mal tinha sido alfabetizado, tinha dificuldade para fazer as contas elementares, sua escrita era rudimentar, e as poucas linhas que conseguia ler não lhe davam ideia do teor do texto. Severino era um analfabeto funcional. Ele devia arrumar um emprego, mas não podia. Sua permanência em São Paulo estava tremendamente ameaçada e ele se culpava por isso.

Terceira. Maurílio é escritor que tem como costume observar o comportamento das pessoas em ambientes públicos. Naquele dia estava no aeroporto de Congonhas esperando a chamada para embarque. Sentado bem à sua frente está um sujeito com cara de executivo preocupado. Ele fala ao celular enquanto remexe em papéis de uma pasta que ele equilibra no colo. É um jovem que aparentemente está iniciando uma carreira e, como tal, anda sobrecarregado e um tanto estressado. Quando desliga o celular, começa a reorganizar a pasta que havia se transformado em uma bagunça, enquanto procurava o tal relatório importante. Agora parecia aliviado. Mas de repente fez algo curioso. Respirou, recompôs-se, consultou o relógio e então olhou o painel eletrônico.

Após um instante saltou como se fosse uma mola e desatou a correr em direção às escadas rolantes que levam ao piso inferior. Seu embarque havia mudado de portão e já aparecia o aviso de "last call" – última chamada. Seu impulso foi tal que não percebeu que sua carteira de identidade, que ele segurava em uma mão, e que atualmente precisa ser apresentada junto com o cartão de embarque, escorregou entre sua poltrona e a poltrona vizinha. Ele simplesmente não conseguiria embarcar sem ela. Adeus importante reunião.

Maurílio tentou avisá-lo, mas ele já estava longe. Sentiu então que devia fazer algo para ajudar aquele rapaz. Mas ele podia? Decidiu que sim, podia. Devia e podia. Só que para isso ele tinha de apanhar o documento e iniciar a mesma correria, procurando pelo jovem no piso inferior do setor de embarque de um aeroporto enlouquecido. Não seria fácil, mas ele resolveu tentar. E achou o jovem aspirante a CEO, que o olhou com espanto e o abraçou com gratidão. A decisão e o esforço valeram a pena.

Se os dilemas morais referem-se a essa duas variáveis, a busca da vida digna também está relacionada com a potência e o dever?

De fato, nem tudo o que podemos fazer, devemos fazer, e, às vezes, o que devemos, não podemos. Na prática, ocorre uma espécie de jogo entre esses dois verbos transitivos diretos. E há, sim, uma disputa ética entre ambos. Ignácio podia, mas não devia, portanto não fez. Severino, coitado, devia, mas não podia, por essa razão não conseguiu fazer. Maurílio podia e devia, por isso fez.

Repare que por trás dessas decisões há um terceiro componente: o querer. Kant também se debruçou sobre essa força. Disse ele que somos comandados por nossos desejos e nossas vontades, mas que há um terceiro no comando: o arbítrio. No fim é este que dá a palavra final. Ignácio teria colhido a flor se decidisse querer, Maurílio não teria se cansado pelos corredores do aeroporto se não quisesse. Já o querer de Severino ainda teria de passar por um período de estudo, preparação, qualificação. Ainda assim, tudo isso é profundamente dependente do seu querer.

No caso da assinatura por meu amigo de faculdade, eu me vi nessa situação de descobrir o que queria fazer com o

COM GENTE É DIFERENTE

dilema que estava instalado. Se assinasse estaria enganando a faculdade, o professor e os outros colegas que lá estavam. Se não assinasse não estaria protegendo um amigo que estava em dificuldades. O que era mais importante naquele momento? A ética ou a amizade?

Pois é, a vida muitas vezes joga conosco colocando-nos nessas ciladas. É como se dois anjos brincalhões ficassem observando nosso comportamento e fazendo apostas sobre nossas reações.

— Aposto uma nuvem que ele não assina, confio em seu caráter – diz um anjo.

— Pois eu aposto minha harpa nova que ele vai assinar, conheço a fraqueza dos humanos — responde o outro.

E assim eles vão nos colocando em ciladas, bloqueando o caminho que já conhecemos só para nos ver procurar outros, como se fôssemos cobaias num laboratório. Brincadeiras à parte, se você prestar atenção, verá que toda a construção da nossa vida depende da relação harmônica entre o poder e o dever. Na prática, o poder deve se subordinar ao dever, enquanto o dever depende do poder. Confuso? Talvez, mas a compreensão dessa equação semântica pode nos ajudar a evitar alguns mal-entendidos com o mundo.

A influência dos ambientes

Gestores que entendem a influência que os ambientes físicos e psicológicos têm sobre a produtividade, o comprometimento e a qualidade de vida, não descuidam deles. Afinal, o homem é fruto do meio, assim como o meio é influenciado pelo homem.

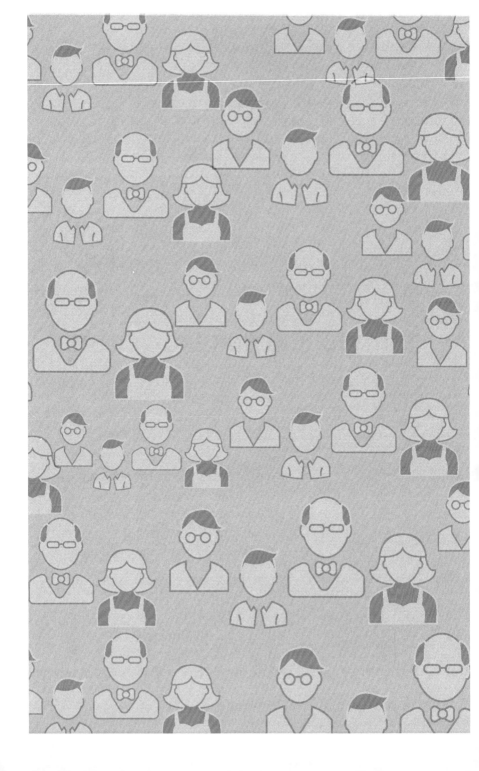

ducação é um fenômeno social em que alguém chamado "professor" compartilha saberes com alguém chamado "aluno", mas este só vai aprender se tais saberes forem acompanhados de duas coisas: significado e prazer.

Há anos dou uma aula no MBA da FIA chamada "Ambientes de aprendizagem e colaboração". Nela, meus alunos eu e discorremos sobre os fatores que influem na produtividade das empresas. Para tanto, analisamos *cases*, relatamos experiências pessoais e nos aprofundamos em teorias consagradas, a começar pela pesquisa de Hawthorne, que foi conduzida por Elton Mayo em indústrias de Chicago entre 1927 e 1932. O resultado daquela pesquisa demonstrou que as características do ambiente influem, sim, no comportamento e na produtividade dos trabalhadores, mas – e esta foi a surpresa – o ambiente psicológico influi mais, muito mais, que o ambiente físico.

As conclusões a que esse médico australiano, radicado nos Estados Unidos e dedicado à sociologia do trabalho chegou foram surpreendentes para a época, e até hoje causam espanto em alguns gestores menos avisados. Ele partiu do pressuposto que, prejudicando o ambiente afetaria a produção, o que parece bastante lógico. Entretanto, não foi o que aconteceu. Ele diminuiu a luminosidade em uma sala, e os

COM GENTE É DIFERENTE

operários continuaram produzindo com a mesma intensidade das outras áreas da fábrica. "Como assim?" – pensou Mayo – "Isso não faz sentido!".

Ele só começou a entender quando passou para a segunda fase da experiência, em que analisou a influência, não do ambiente físico, mas do clima psicológico. Percebeu então que o comportamento de uma pessoa é apoiado na conduta do grupo ao qual pertence, e que, portanto, a política social da empresa teria um peso maior do que a luminosidade ou a temperatura ambiente, ainda que essas coisas também devam ser cuidadas. Quando se diminuiu a luz, o supervisor daquela ala tratou de cuidar e motivar os operários, o que compensou totalmente (e até superou) a dificuldade. Bingo! Mas a principal situação que analisamos em minha aula é a própria. Quero que meus alunos aprendam e compartilhem conhecimentos e experiências, o que me leva a cuidar do ambiente psicológico da sala de aula. Como sou o "gerente" daquele ambiente, em que a produtividade é o aprendizado, meu estado de espírito e minha disponibilidade para atender à expectativas, curiosidades e também ansiedades dos alunos são determinantes para o sucesso da empreitada. Cada professor – e cada gerente – tem seu Hawthorne particular. Cuidemos dele.

Ambientes democráticos

"A democracia é a pior forma de governo, exceto todas as outras já experimentadas". Esta frase é atribuída a Churchill, que entendia do assunto, pois defendia a democracia, pertencia a uma monarquia e tinha lá seus arroubos autoritários. Mas, será que o conceito de democracia pode ser aplicado às empresas?

Sim, e com vantagens. Democracia não é só um sistema de governo, é uma ideia de arranjo social que surgiu na Grécia, na qual as pessoas participam da organização de suas vidas e da construção de seu futuro, tanto o individual quanto o coletivo. O principal benefício disso é o comprometimento das pessoas, que assumem sua parcela de responsabilidade. Qualquer agrupamento humano que tem objetivos comuns constitui um arranjo social ao qual podem ser aplicados, ou não, os princípios da democracia. Depende do tipo de liderança que é exercida por aqueles que detêm o poder, que pode ser político, econômico ou institucional.

Uma empresa democrática não é aquela em que todos têm direito ao voto, mas é uma empresa onde todos têm voz, podem opinar e discordar. O que não podem é contrariar a missão da empresa, caso contrário seria melhor não pertencer a ela. Uma empresa que opera com os princípios da democracia comporta-se de acordo com os valores que esta defende, ou seja, a transparência, o diálogo, o respeito e a responsabilidade. Uma empresa democrática tem regras e normas, e estas são obedecidas porque todos entendem porque elas existem. Não há medo do castigo à sua desobediência, mas respeito à instituição que foi criada com bases em valores claros, que são aplicados por essas normas.

Uma empresa democrática não tem chefes, tem líderes capazes de obter o comprometimento das pessoas por meio da visão de futuro e do exemplo de seu comportamento. Líderes que praticam a comunicação de mão dupla, deixam claro o que estão pensando e são capazes de ouvir. "Uma empresa democrática tem um alinhamento perfeito entre a cultura da democracia, e a maneira como seus líderes se comportam", diz Traci Fantom, a fundadora da WorldBlu, organização americana que ajuda empresas a implantarem os conceitos da democracia à sua gestão.

COM GENTE É DIFERENTE

No fim, são os líderes que constroem a filosofia cultural e o modelo de gestão, pois são eles que fazem a empresa funcionar na prática. E também são eles que podem fortalecer ou deturpar as ideias centrais da organização. Sempre é bom lembrar Aristóteles, que dizia que a monarquia, a aristocracia e a democracia são ótimas formas de governo, mas que, nas mãos de líderes incompetentes, degeneram, e se transformam em tirania, oligarquia e anarquia.

Invasão de espaço

Clima organizacional é um dos conceitos mais difíceis de explicar e mais fáceis de entender. Todos nós somos capazes de reconhecer ambientes onde as pessoas se relacionam com respeito e alegria, e nos aproximamos deles. Assim como tratamos de fugir de outros, em que parece pairar uma nuvem negra sobre as cabeças.

aria Olímpia tinha uma amiga que, por ter nascido no dia 7 de setembro, era conhecida como Independência. Ambas viviam no Rio de Janeiro, na década de 1980, época em que as amizades, principalmente entre as moças, respondiam por várias das necessidades humanas, como lazer, apoio, segurança e informação. O mundo de então era pequeno. Era limitado pela comunicação precária, pela lentidão do deslocamento, pela parcimônia das opções. Restavam as pessoas. A amizade solidária, então, era um bem a ser preservado.

As duas amigas cumpriam, uma para a outra, esse mix de atribuições sociofamiliares. Maria Olímpia, aos 26 anos, era casada com um advogado recém-formado, mas competente, ambicioso e dono de um futuro brilhante, como todos diziam. Já Independência, pobre moça, mal tinha chegado aos 30 e já era viúva de um militar. Morava com sua mãe, era religiosa com fervor e dava sinais de que estava conformada com sua viuvez, e com o conjunto de consequências que isso acarreta em uma sociedade católica e conservadora dos trópicos que tenta ser Europa copiando apenas os piores maneirismos.

Mas, claro, como em toda história machadiana, nesse sistema que operava calmamente as funções previstas pelo circunscrito contrato social, eis que entra um vírus

COM GENTE É DIFERENTE

perturbador, capaz de afetar todos os aplicativos do bom convívio: a fofoca. O que começou com chistes sugestivos e comentários pseudocolaborativos chegou ao requinte cruel das cartas anônimas, inicialmente esparsas, depois semanais. Tudo sinalizava para a tragédia moderna: a viúva estava tendo um caso com o marido da amiga.

Machado de Assis, autor do conto *A senhora do Galvão*, ao qual pertencem os personagens descritos anteriormente, não deixa claro se tal dupla traição realmente aconteceu. Assim como em *Dom Casmurro*, que chega ao epílogo sem esclarecer se Capitu realmente traiu Bentinho com o amigo Escobar, nunca saberemos se Independência e o advogado Galvão foram amantes. A literatura machadiana não quer ser explícita. Seu viés psicológico visa explorar a alma, não a conduta. O que interessa não é a traição ou suas consequências, e sim o substrato humano que os sustenta. No caso, a inexplicável compulsão das pessoas ao controle do comportamento alheio e ao autoproclamado direito de julgar e condenar ao suplício do comentário fácil e irresponsável. Estamos falando da necessidade que as pessoas têm de comentar com senso crítico a vida dos outros. Em outras palavras, fazer fofoca.

Uma característica humana

Dizem que existe fofoca pelo simples motivo de vivermos em sociedade. Para que isso seja a justificativa suficiente, vale, então, lembrar que para que um grupo de pessoas passe a ser considerado uma sociedade, é necessário que tais pessoas tenham interesse umas pelas outras, e, nesse caso, é inevitável que umas comentem sobre as outras. De certa forma, ao fazer um comentário sobre alguém, estamos tentando compreender a essência da própria espécie humana, portanto estamos fazendo um exercício de autoconhecimento. Aquele que não se interessa por ninguém padece de sociopatia que o leva a se afastar do convívio, o que prejudica até a relação intrapessoal. Portanto, parece que todo mundo faz fofoca. O que varia entre as pessoas é a quantidade e a natureza da fofoca que fazem. Há gente muito fofoqueira, e há os fofoqueiros circunstanciais. Há os que usam a fofoca como maledicência, realmente prejudicando aqueles que são seus alvos; e há os que se divertem com fofocas inocentes. Mas todo mundo faz fofoca, é da natureza humana – Machado explica.

O grande mal da fofoca é a parcialidade da interpretação de quem a faz. Comentar algo sobre a vida de alguém é uma coisa, emitir juízo de valor sobre esta é outra. Dizer que o chefe do escritório está trabalhando demais e tem apresentado sinais de estresse é uma coisa; mas insinuar que ele fica no escritório porque, provavelmente, está brigado com a mulher e, ainda por cima, desconta nos funcionários é outra totalmente diferente, convenhamos.

Aliás, ambientes de trabalho são um caldo de cultura ideal para o crescimento da fofoca. Nesse caso, fofoca é como estresse: não dá para evitar, mas dá para administrar. As empresas modernas estão muito interessadas em gerar bom clima organizacional, o que equivale a ter um ambiente de trabalho saudável, em que as pessoas convivem em harmonia, colaborando umas com as outras. O coleguismo ultrapassa a relação profissional, ainda que não se transforme necessariamente em amizade. Há discordâncias, mas também há respeito. Nesse tipo de ambiente, se houver fofoca, não será destrutiva. Mas quando as funções se sobrepõem, e o que deveria ser colaboração se transforma em competição, é quase inevitável que a fofoca venha na garupa dos cavaleiros do apocalipse corporativo.

O psiquiatra Ângelo Gaiarsa não é um Machado de Assis, pelo menos na literatura, mas é um estudioso da alma

COM GENTE É DIFERENTE

humana. Polêmico, não se limita aos temas clássicos da psicologia acadêmica, tanto que, entre os assuntos de seu interesse, que viraram livros, encontramos um curioso *Tratado geral sobre a fofoca*. Deixemos o Complexo de Édipo para Freud. Gaiarsa interessa-se pelo cotidiano das pessoas, a um tempo, rico e mesquinho. Ele nos informa, por exemplo, que sua observação detectou que apenas 20% das informações trocadas entre as pessoas em qualquer ambiente têm realmente alguma utilidade. O resto é futilidade, é falar por falar, e, nesse conjunto, a fofoca reina soberana. Pertencem ao mesmo grupo coisas como falar do chefe, da mulher do amigo ou da Angelina Jolie, sugerindo que todos eles não são o que parecem ser, e são o que tentam esconder.

Então, fofocamos 80% do tempo? Pode até ser, mas outro estudo dá conta de que desse tempo, apenas 5%, ou menos, são utilizados para fazer fofocas negativas, aquelas que realmente podem prejudicar alguém. A maior parte das fofocas, então, é inócua. O problema é que o poder destrutivo daquela pequena parcela lembra a energia contida no urânio enriquecido.

Ventinhos ou vendavais

Uma fofoca é como o vento. Passa, mas vai deixar alguma consequência. Se for apenas um ventinho, a consequência nem será sentida, mas se for um vendaval, pode deixar um rastro de destruição. Há fofocas que parecem brisas, servem até para refrescar um ambiente tenso, funcionam como um momento curioso, engraçado, e até ajudam a relaxar. Mas aquelas que parecem um furacão do Caribe abalam as estruturas das relações, prejudicam carreiras, acabam com amizades.

Se, de um lado, a fofoca derivada da curiosidade natural que as pessoas têm umas sobre as outras as leva a comentar sobre elas, do outro, pode ultrapassar o limite do impessoal e chegar ao território do particular. Dizer que fulana ficou bem com o novo corte de cabelo e que beltrana está engordando não prejudica ninguém. Pior seria ninguém notar o novo visual, porque isso significaria que a pessoa simplesmente não tem importância. Portanto, a fofoca nem sempre tem uma conotação ruim ou destrutiva. Mas às vezes a fofoca visa revelar pecados – e quem não os tem? E o pior é que esses pecados podem ser reais, mas também podem ser apenas imaginados. Fofocar sobre o caso que a colega está tendo com um homem casado pode prejudicar a imagem dela, com repercussões no seu trabalho, em suas amizades e até em sua família. Se ela estiver tendo tal caso, isso pertence ao mundo emocional dela, e ninguém tem o direito de julgar. E se não estiver, tal fofoca transforma-se em falsidade, e a difamação que advém dela pode gerar até processo judicial.

O psiquiatra nos alerta para o fato de que sempre estaremos ligados a fofocas, ou como vítimas ou como agentes. E que se há uma possibilidade, ainda que pequena, de que sejamos menos vítima, o caminho é sermos menos agente. Parece que as pessoas sentem mais culpa em comentar a vida daqueles que não se metem na vida de ninguém e, ao contrário, não só as preservam como as defendem. Em outras palavras, quem não quer ser vítima de fofoca, que não fofoque.

Esse alerta vale tanto para homens quanto para mulheres. Não se enganem as mulheres nem se ufanem os homens. Ambos fofocam. Podem variar o foco e a intenção, mas o princípio é o mesmo. Essa é uma injustiça que se pratica com o sexo feminino e que precisa ser reabilitada, pois o que acontece é que as mulheres são mais autênticas, e admitem que aquele comentário é exatamente o que é, uma inocente fofoca. Já os homens travestem seus comentários maldosos

COM GENTE É DIFERENTE

com a roupagem pomposa das observações colaborativas ou com a fantasia colorida do gracejo masculino. Mas no fundo, tudo é fofoca, vamos ser honestos.

Aliás, alguns conhecidos machos não só transformaram a fofoca em profissão, como ainda a alçaram à condição de um modelo particular de jornalismo. Foi no Rio de Janeiro dos anos dourados – década de 1950 – que o jornalista Ibrahim Sued criou, no jornal *Vanguarda*, sua coluna diária, que recebeu o sugestivo nome de *Zum-zum*, numa alusão direta ao rumor, a coisas que se estão falando por aí, ao que a sociedade está dizendo, enfim, à fofoca. Tal coluna foi publicada entre 1951 e 1995, ano de falecimento do colunista, e alcançou a incrível marca de mais de 15 mil publicações.

A *Zum-zum* não perdoava ninguém. Funcionava como uma espécie de consciência do brasileiro que começava a se entender como protagonista da construção de uma nação. O Rio de Janeiro, ou *Belacap*, como preferia Ibrahim, era vigiada pela imensa rede de "fontes" que o colunista criou, e atuava em todas as áreas, dos acontecimentos sociais aos fatos políticos, dos eventos culturais aos problemas sociais. Durante todas essas décadas Ibrahim foi lido, admirado, temido, odiado, provavelmente em proporções iguais. E acabou criando um estilo jornalístico que foi seguido – e ainda é – por dezenas de outros colunistas que ajudam, entre outras coisas, a controlar os excessos, especialmente dos que detêm algum poder, seja político, econômico ou artístico. Era bom sair no *Zum-zum*, mas pelo motivo certo, é claro.

Cuidado com a fofoca. A filosofia do "falem mal, mas falem de mim" cobra seu pedágio. É melhor ser referência de fatos construtivos, ainda que ninguém esteja livre de uma intriga, especialmente quando o sucesso de alguém funciona como ofensa a outro. Aí, paciência. Como dizia Ibrahim Sued: "Os cães ladram, e a caravana passa".

Um projeto de vida

Entender que o futuro vai virar presente e, quando isso acontecer, ele será melhor ou pior a depender do que fazemos no presente atual, é sinal de sabedoria. Trabalho digno, significado, aprendizado, qualidade de vida, temas que devem fazer parte de um projeto de carreira, e de vida.

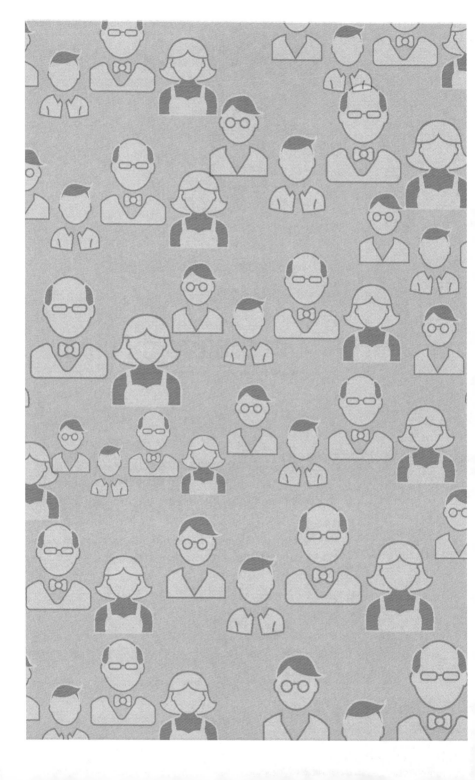

regório respondia pelo setor comercial da empresa. Sua função, além de liderar a equipe de vendas, era a de visitar os clientes para estreitar os laços com a companhia, demonstrando interesse sobre seus desejos e necessidades, ouvindo opiniões, queixas e eventuais elogios. "Sua opinião é muito importante para nós", costumava repetir, meio sem convicção. A verdade é que não era assim tão importante ouvir os clientes, e sim fazê-los acreditar que estavam sendo ouvidos. Isso aumentava a fidelização, acreditava seu chefe. Ele até gostava do seu trabalho, pois tinha a oportunidade de conhecer pessoas, aprender coisas novas, viajar. Só que sua função o impedia de manter uma vida doméstica e, quando estava em casa, não conseguia se desligar dos compromissos, da agenda, das metas a serem atingidas.

Gregório sentia que estava perdendo o controle da própria vida, adiando os sonhos, estagnando seu desenvolvimento pessoal. Seu trabalho não combinava com sua vida. Ou seria o contrário? Ele já não sabia, e, finalmente, sentiu que estava se transformando em um ser que ele não gostava. Uma manhã, ao despertar de sonhos inquietantes, Gregório deu por si na cama transformado em um ser repugnante. Exatamente o que ele sempre abominara e não se cansava de criticar. Um indivíduo que vivia apenas por viver, engolido pela rotina monótona, digerido pelas metas impossíveis

COM GENTE É DIFERENTE

e metabolizado pelo sistema impiedoso que classifica as pessoas de acordo com seu potencial produtivo.

Ao olhar-se no espelho, Gregório não gostou do que viu. Sua aparência estava envelhecida e entristecida. Como foi que o tempo passou tão depressa sem que ele desse conta? Onde foi parar a alegria natural, juvenil, alimentada pelo prazer das coisas pequenas e pelo entusiasmo dos sonhos grandes? Agora, homem feito, lidava com negócios grandes, mas seus sonhos haviam ficado pequenos. Em que bicho se transformara, afinal?

Uma nova onda

O pequeno ensaio anteriormente descrito é claramente inspirado no livro *A Metamorfose*, de Franz Kafka, publicado pela primeira vez em 1915. Kafka inaugurou, neste livro, o estilo do realismo mágico na literatura, ao contar a história do caixeiro-viajante Gregor Samsa, que um dia acorda e nota que havia se transformado em um inseto, presumivelmente uma barata. O enredo é absurdo, mas é exatamente essa a mensagem de seu autor, que deseja denunciar o absurdo da vida. A metamorfose de Gregor não é só física, é também psicológica e termina por provocar outras metamorfoses ao seu redor, especialmente em seus pais e sua irmã, que antes eram sustentados por ele, e agora precisam encontrar novos caminhos.

O livro de Kafka, que antes de ser escritor foi corretor de seguros, coincide com um período de grandes transformações na sociedade, com o surgimento de uma onda de industrialização, a criação de novas castas e de novas relações de poder. Aproximadamente na mesma época, Henry, fundador da Ford, reclamando de um operário que não apresentava o resultado que ele desejava porque dizia que andava triste, disse: "Você não está aqui para ser feliz, está aqui para trabalhar. Seja feliz depois do expediente".

Estávamos em plena Revolução Industrial, em que as pessoas eram tratadas como peças de máquina, componentes de uma grande engrenagem produtiva. O capitalismo estava se firmando como uma espécie de religião, e seus sacerdotes eram os pensadores que pregavam a produtividade, como Taylor, Fayol e próprio Ford. A ideia de aumentar a produção otimizando os recursos não era ruim, aliás, esse é o princípio da eficiência – fazer mais com menos. Até aí tudo bem, o problema foi a massificação da classe trabalhadora, a exploração do homem pelo homem, a elevação da *mais-valia* ao estado da arte. Bem que Marx havia avisado, diziam os que se revoltavam, e mesmo estes se conformavam, pois precisavam sobreviver.

Quem melhor explicou o que acontecia foi Chaplin em seu genial *Tempos modernos*, filmado em 1936, em que ele fez o papel de um operário que aperta porcas e de repente é "engolido" pela máquina, confundindo-se com as engrenagens. "Eis no que nos transformaram" – parecia dizer – "Em peças de máquina".

Levou algum tempo para que os operários começassem a ser respeitados como seres humanos. Na mesma época do filme do Carlitos, surgiram alguns estudiosos da sociologia do trabalho, entre eles uma mulher chamada Mary Parker Follet, uma espécie de "profetiza do gerenciamento", cujas ideias ainda hoje são consideradas avançadas – imagine na época. Ela gostava de estudar. Formou-se em administração, economia, direito e filosofia. Escreveu apenas três livros, mas por meio deles, e de suas aulas e conferências, revolucionou o pensamento relativo à gestão de pessoas, e deu origem à chamada Escola das Relações Humanas, que tratou de devolver ao trabalhador sua dignidade de ser humano. Foi depois dos "puxões de orelha" dados por Follet

COM GENTE É DIFERENTE

e por Chaplin que o mundo do trabalho começou a pensar diferente seus "recursos humanos" – terrível expressão totalmente absorvida pelo uso diário em todo o mundo.

O equilíbrio desejado

Em uma sociedade que valoriza a eficácia e o resultado, as pessoas excessivamente dedicadas ao trabalho, comprometidas até o tutano com seu ofício, ganham *status*, são admiradas e apontadas como referência. Nada contra, mas cuidado com os exageros. A expressão *workaholic* surgiu para designar quem que é viciado em trabalho e não consegue se desligar dele em momento algum. Isso vira uma espécie de doença, algo que termina por prejudicar, pois um tipo assim sacrifica a vida em família, descuida da saúde, não curte *hobbies*, só cultiva relações ligadas ao ambiente profissional, e esse desequilíbrio acaba se voltando contra a própria carreira.

O festejado ex-presidente da GE, Jack Welch diz que "Basicamente, o equilíbrio trabalho-vida pessoal converteu-se em debate sobre até que ponto deixamos que o trabalho absorva toda nossa vida". E ele diz isso batendo com o punho no peito, fazendo seu *mea culpa* por não ter, ele mesmo, conseguido tal desejado equilíbrio. Ele foi totalmente absorvido por sua carreira, pelos negócios e pela empresa, mas, em nenhum ponto de sua biografia ele credita a isso o sucesso que teve, e sim a traços de sua personalidade, como o espírito de liderança, a disposição para correr riscos e a criatividade.

Claro, ele também alega que adorava o que fazia, o que o coloca em outra categoria, a dos *worklovers*, os apaixonados pelo trabalho. Estes, ao contrário dos *workaholics*, não sentem que estão passando do limite, pois seu trabalho é uma espécie de diversão. Outro conselho do Welch: "Assuma uma atitude positiva e espalhe-a ao seu redor, nunca se deixe

EUGENIO MUSSAK

transformar em vítima e, pelo amor de Deus, divirta-se!".
Ótima frase, mas veja, ela se aplica à vida, e não ao trabalho apenas. Aliás, o trabalho é parte da vida, e não deve ser confundido com ela.

O ócio que não é ócio

Quem insiste nesse tema é o Prof. Domenico de Masi, titular de sociologia do trabalho da Universidade Sapienza, de Roma. Ele se tornou conhecido por ter publicado, em 1995, um livro que trouxe um novo conceito para a questão da relação do homem com seu trabalho: *O Ócio Criativo*. Muitas vezes interpretado como uma espécie de *dolce far niente*, o conceito do ócio criativo está longe de propor uma atitude passiva ou contemplativa. Trata-se de uma postura das pessoas ante às três maiores necessidades sociais: o trabalho, o estudo e a diversão.

De Masi apresenta sua versão, dizendo que o mundo pós-industrial privilegia – ou prefere – as pessoas e as empresas que criam condições para que haja um encontro entre as três necessidades. Diz ele que, quando conseguimos trabalhar em um lugar em que, ao mesmo tempo, estamos aprendendo e também nos divertindo, liberamos nossa mente para criar mais, produzir novas ideias, promover progresso, inventar um mundo novo todos os dias.

A proposta é a da recuperação do homem integral, que a Revolução Industrial destruiu, quando separava o homem em partes: o profissional na empresa, o pessoal em casa. Como se isso fosse possível. Lembremo-nos de que somos indivíduos, porque somos indivisíveis. A grande inspiração para o conceito do ócio criativo foi retirada de observações históricas, especialmente três: primeiro dos gregos, que costumavam promover uma reunião, chamada *simpósio*, em que, após o jantar, cada participante, enquanto segurava a

COM GENTE É DIFERENTE

taça de vinho nas mãos, apresentava suas ideias a respeito do tema em discussão e, quando concluía, entregava a taça, junto com a palavra, a outro participante. Essa reunião podia durar toda a noite, ou todo o dia, e era, ao mesmo tempo, prazerosa, produtiva e criativa.

A segunda inspiração vem dos romanos, que se tornaram famosos por construírem termas, as casas de banho espalhadas por todo o império, servidas pelos aquedutos. Nesses locais, os cidadãos romanos reuniam-se para se banhar, receber massagens, fazer ginástica, mas também para conversar sobre política, filosofia, problemas da cidade e negócios. Ali passavam todo o dia, e produziam muito. Roma, e toda a civilização ocidental devem muito às termas, pelas ideias que ali foram concebidas e pelas decisões que foram ali tomadas.

Outro modelo são os encontros promovidos pelas principais figuras do Iluminismo francês, especialmente Diderot, Rousseau e D'Alembert, os autores da *Enciclopédia*, o conjunto de obras que marca uma nova era para a humanidade, impulsionando a disseminação do saber e o interesse pela ciência. Esses homens se recolhiam em uma casa de campo, onde trabalhavam em equipe, aprendiam uns com os outros e se dedicavam, também, à musica e ao entretenimento. Exemplos de ócio criativo que Domenico cita como momentos de grande criatividade e contribuição dessas pessoas para a humanidade.

Não há solução para o equilíbrio entre a vida pessoal e o trabalho a não ser por meio da construção de uma vida plena, harmônica, prazerosa. A tentativa de separar o mundo em duas ou mais partes acaba criando uma espécie de paranoia que não resolve. Gostar do que se faz é fundamental. Ter uma vida pessoal saudável, com família, amigos, *hobbies*, interesses variados, também. Ser sério não significa não ser alegre. Ser responsável no trabalho não implica em pôr a família em segundo plano. Talvez seja a hora de rever os valores e, claro, fazer um bom exercício de organização da vida.

Prazer em fazer

No início da gestão como ciência, há um século, não se estabelecia relação entre trabalho e felicidade. Atualmente as empresas querem que seus colaboradores sejam felizes, menos por terem se tornado humanistas, e mais porque se percebeu a relação entre felicidade e produtividade.

ão sei você, mas ultimamente estou achando que tenho trabalhando muito. Antigamente as pessoas tinham expediente, entravam às oito, saíam às dezoito, tinham hora para almoçar e intervalo para o lanche. Eu me lembro desse tempo, meu primeiro emprego foi exatamente desse tipo. E quando ia embora simplesmente não pensava no trabalho nem um pouquinho, tratava de viver a vida. Atualmente não é mais assim, estamos envolvidos com o trabalho o tempo todo, 24 horas por dia, e parece que falta tempo. Será que sou só eu? Acho que não, pois as pessoas com quem convivo são todas assim, plugadas no trabalho.

E dá para entender. Antigamente, as pessoas trabalhavam mais com os braços e menos com a cabeça. De certa forma, a maioria das atividades lembrava um pouco aquele filme do Chaplin em que ele aperta porcas sem saber o que está fabricando. Hoje, a imensa maioria dos trabalhos não tem parentesco com aquele operário do genial Carlitos. Atualmente, o que funciona é o pensamento, as ideias, a criatividade, o comprometimento, as paixões. Senão você está fora. E a cabeça não para de funcionar quando termina o expediente. Quase não há mais "mão de obra", o que há é "cérebro de obra".

COM GENTE É DIFERENTE

Tudo isto pode parecer óbvio, mas nem sempre foi. Aliás, essa realidade é supermoderna, pois o homem valeu-se dos braços para produzir durante muitos séculos, desde que existe o trabalho como instituição social. A realidade só começou a mudar mesmo na segunda metade do século passado, quando surgiu a tal "sociedade do conhecimento", em substituição à "sociedade industrial", própria da virada do século XIX para o XX, que já era uma novidade, pois estava substituindo a "sociedade feudal", em que a riqueza era totalmente produzida no campo.

Li certa vez (não me pergunte onde) que um historiador havia dito que sociedade industrial terminou no Ocidente em 1956, pois, a partir daquele ano, o número de trabalhadores da indústria passou a ser menor do que o número de trabalhadores de outras áreas da economia. E quando lhe perguntaram em que tipo de sociedade estávamos agora, ele deu uma resposta pra lá de evasiva: "Estamos na sociedade pós-industrial". Ora, esse título só diz onde não estamos, mas não define nossa situação atual. Levou algum tempo para que percebêssemos que agora o que valia era o conhecimento e a inteligência para transformá-lo em produtividade. Atribui-se a Peter Drucker a expressão *knowledge worker*, ou "trabalhador do conhecimento".

Então é isso, trabalhamos com a cabeça e não podemos deixá-la pendurada no escritório, no ateliê, no consultório, no estúdio ou na fábrica quando vamos para casa. Por isso, nosso trabalho é, cada vez mais, parte importante da nossa vida.

Sendo assim, temos de caprichar na escolha do que fazemos, pois nossa atividade profissional se incorpora como uma tatuagem. É difícil de apagar. O que dá para fazer, isso sim, é substituir uma tatuagem por outra, e mesmo assim elas têm de ter alguma coerência estética entre si.

Fazer o que se gosta

Até mesmo se considerarmos o modelo anterior, do respeito ao horário de expediente, devemos refletir sobre ao que nos dedicamos, pois, veja: fazendo um cálculo simplista, um trabalhador médio no Brasil tem uma jornada de oito horas por dia durante cinco dias e quatro horas em um dia, o que totaliza 44 horas de trabalho por semana. Em um ano, já descontadas as quatro semanas de férias, a conta chega a 2.212 horas de trabalho. É mais do que dormimos e muito mais do que o tempo que dedicamos ao lazer. Nós, adultos, somos seres que trabalham, não temos como fugir disso. É, portanto, bastante sábio procurar um trabalho que não se torne um fardo, que seja recompensador não apenas pelo salário, mas por outros ganhos. Na atualidade, as duas maiores fontes de sofrimento humano são os problemas de relacionamento afetivo e a inadequação com o trabalho. Como evitar problemas nessa área?

Dizem que foi Confúcio quem aconselhou: "Escolha um trabalho que você ame e não terá de trabalhar um dia sequer em sua vida". Não tenho certeza se este aforismo é mesmo do filósofo chinês que viveu entre 551 e 479 a.C., pois tudo o que sabemos dele é o que se escreveu sobre seus pensamentos após sua morte. Mas essa dúvida não importa nem um pouco, porque se trata de uma bela frase, isso não podemos negar.

Entre coleções de pensamentos sobre o trabalho, este é um dos mais repetidos, às vezes à exaustão, especialmente para os jovens em início de carreira. Não há dúvida sobre seu valor, pois é verdade que, quando nos dedicamos a alguma atividade que nos dá muito prazer, é óbvio que nos empenhamos mais e nem vemos o tempo passar. Basta observar uma criança brincando ou um casal namorando. Mas será que com o trabalho pode ser o mesmo?

COM GENTE É DIFERENTE

O duro é descobrir que tipo de trabalho poderia nos dar uma alegria semelhante à de brincar ou de namorar e, mais difícil ainda, transformar essa atividade em uma profissão e viver dela. Afinal, quando vestimos, finalmente, roupa de adulto e adentramos ao mundo do trabalho, em geral entramos por uma porta pequena, lá nos fundos, e seguimos por um corredor meio apertado, cheio de pegadinhas reservadas aos neófitos. E aí, como saber se estamos fazendo algo que amamos, ou que podemos vir a amar, apesar de todas as dificuldades?

Quando era professor de cursinho (já faz tempo...), eu me lembro de muitos alunos virem se aconselhar com os mestres sobre as carreiras, cheios de dúvidas e com os olhos assustados. Perto do mês em que se encerram as inscrições para o vestibular, a coisa piora. Mas, o que dizer? Que conselho dar a um garoto de 17 anos que tem de decidir seu destino em uma prova, pela maldade deste sistema de educação? Como fazê-lo perceber que uma escolha de carreira não é uma condenação, e sim apenas uma opção que pode ser alterada a qualquer tempo? Não tem muito como se aprender sobre isso, a não ser vivendo. Mas, se há um conselho, este é o de Confúcio.

Gostar do que se faz

As duas grandes motivações humanas são consequência de dois fortes instintos: a necessidade e o desejo. Não queremos sofrer, por isso atendemos às nossas necessidades e, mais que isso, queremos ter prazer, por essa razão procuramos atender aos nossos desejos. Por que comemos, pelo menos três vezes ao dia? Porque é uma necessidade. Se não nos alimentarmos, passaremos fome, que é um sofrimento. Se não comermos por muito tempo, podemos adoecer, e até morrer, o sofrimento derradeiro.

Mas, concordemos, não sentamos à mesa para almoçar, ou jantar, só porque é uma necessidade. Também porque é um prazer. Elaboramos pratos, caprichamos no tempero, harmonizamos a comida com a bebida, escolhemos a companhia. Tudo para aumentar o prazer. Com o trabalho ocorre o mesmo. Por que trabalhamos? Porque é uma necessidade, claro. Para começar, se não trabalharmos, não poderemos pagar as contas, o que não deixa de ser um sofrimento, e dos grandes. A rigor, o trabalho nos atende em três necessidades básicas: o mais evidente é o pagamento, que nos permitirá sobreviver, mas não é só. Além disso, o trabalho nos faz sentir pertencendo a um grupo, o que é uma necessidade humana imperativa, pois somos animais gregários por natureza. E, por último, mas não menos importante, quando trabalhamos nos sentimos dignos, úteis, integrados ao meio produtivo da sociedade.

Não trabalhamos apenas por ser uma necessidade, que busca evitar sofrimentos. Também porque nos dá prazer. Pelo menos deveria dar. Mas, quais são, afinal, as fontes de prazer colhidas no trabalho? Há várias, procure identificá-las em seu cotidiano: o sentimento de estar fazendo algo importante, o orgulho de pertencer àquela organização, a visão de que seu futuro será melhor em função do trabalho que faz, as relações humanas e clima reinante no ambiente de trabalho, o espaço físico agradável, a oportunidade de aprender algo novo e transformar-se para melhor, a sensação de estar se realizando como profissional e como pessoa. E por aí vai. Certamente você vai encontrar outros motivos para justificar por que gosta (ou não gosta) do trabalho que faz e do ambiente profissional em que o desenvolve.

Conforme vemos, há mais motivos relacionados à satisfação de fazer um trabalho do que motivos ligados às necessidades básicas de sobrevivência. Entretanto, é bom que se diga que nem tudo serão flores sempre. Para conseguirmos

COM GENTE É DIFERENTE

ter prazer de fato em fazer o que fazemos, temos de ter a força interior que nos permite fazer coisas que não são, necessariamente, prazerosas.

Lembro-me de um amigo neurocirurgião que me dizia que adorava o que fazia. Seu maior prazer era operar, abrir um crânio e visitar o cérebro do paciente para retirar um tumor, fechar um aneurisma, esvaziar uma cavidade, ou algo assim. Mas, para poder fazer isso, ele tinha de fazer coisas que absolutamente não gostava, como atender no consultório, lidar com os medos do paciente, preencher a papelada do plano de saúde, e até coisas piores, como dar uma notícia ruim para a família. "Mas, faz parte", dizia-me ele.

É verdade, faz parte uma grande quantidade de pequenas atribuições paralelas, e não temos como fugir delas. Sim, o segredo da felicidade passa por se fazer o que se gosta, mas também é necessário gostar do que se faz.

Pessoalmente, adoro o que faço. Minhas duas atividades principais são dar aulas e escrever. Junto com essas minhas duas paixões, eu sei, vem um pacotão cheio de longas reuniões, aeroportos lotados, aviões apertados, trânsito congestionado, prazos para cumprir, contratos para examinar, impostos para pagar, e por aí vai. Mesmo assim, adoro o que faço. O que não diminui a sensação de que ando trabalhando demais. Mas que atenua, atenua.

Relações de poder

Um dos principais temas de interesse da sociologia, as relações de poder, o que inclui as disputas, faz parte do mundo corporativo. Entretanto, o centro de gravidade do poder tem sido deslocado dos cargos para os comportamentos. Entender isso é algo que interessa à boa Gestão de Pessoas, especialmente na formação de equipes de trabalho.

um recente debate do qual participei em uma escola de negócios, o assunto era a origem do poder. A dúvida central era se o poder, afinal, pertence à pessoa ou ao cargo que ela ocupa. A conclusão foi que, nas corporações e na política, o poder emana do cargo, mas que este foi ocupado porque a pessoa apresentava suas próprias características de poder pessoal, humano.

Quando se falou da origem e das relações do poder, alguém lembrou Marx, um dos precursores da sociologia, que dizia que o grande poder vem do capital financeiro, e atribuía as mazelas da sociedade ao fato de que este estava concentrado nas mãos de poucos, os poderosos, donos dos meios de produção, que exploravam o pouco que a massa tinha para oferecer – sua capacidade de trabalho. Tinha razão, naquele contexto da Europa do século XIX.

Atualmente, esse tipo de capital continua importante, mas já não é absoluto, pois surgiram novas modalidades de capital que dão poder a seus detentores. Para entender, cabe nos lembrar de outro bamba da sociologia, o francês Pierre Bourdieu, falecido em 2002, aos 72 anos, dono de uma obra complexa e, até certo ponto, hermética aos não iniciados na matéria.

Foi ele o primeiro a se referir de forma estruturada ao aparecimento de novos capitais, que seriam responsáveis

COM GENTE É DIFERENTE

pelas novas relações de poder. Sua visão é que cada um de nós acumula certos capitais durante a vida, e são eles que nos permitem competir e ocupar espaço nos ambientes – ou campos – em que vivemos.

Bourdieu dizia que todos nós, humanos, habitamos um, ou mais, espaços sociais particulares, que ele chamou, simplesmente, de *campos*. A sociedade seria constituída por diversos campos, entre eles o cultural, o educacional, o científico, o empresarial, cada um composto por elementos simbólicos próprios. Para podermos viver nesses campos e para convivermos com seus habitantes, precisaríamos estar familiarizados com seus componentes simbólicos.

Até aí tudo bem, só que ele foi além, pois às vezes não queremos só conviver, queremos ocupar espaços, influenciar, ser protagonistas. Nesse caso, não seria suficiente entender os hábitos, teríamos de acumular alguns tipos de capital, cujo valor confere algum poder. E, na análise de Bourdieu, existem três tipos de capital, que permitem à pessoa manifestar-se, competir e ocupar posições significativas em seu campo: o capital econômico, o capital cultural e o capital social.

A força dos capitais

O capital econômico, evidentemente, se refere ao dinheiro em si, ao poder de compra, ao crédito e à capacidade de ganhar que a pessoa tem. O capital econômico é o que mais se identifica com o conceito clássico de capital. O próprio capitalismo refere-se a um sistema político e econômico, em que os meios de produção são de caráter privado e visam à geração de mais riqueza econômica aos seus proprietários. Marx teria gostado deste parágrafo... Mas, para Bourdieu, este capital não é o único, nem sobrevive mais sem os outros.

O capital cultural, na atualidade, é importantíssimo como gerador de poder. Ele poderia também ser chamado de conhecimento, entretanto é mais abrangente do que isso, pois é constituído pelos saberes próprios e significativos a cada campo, mas acrescidos de outros, de caráter genérico, como os culturais. Além de qualificações educacionais, conhecimentos técnicos e competências específicas, necessárias à prática de uma profissão, os conhecimentos adquiridos pela apreciação da arte, da literatura geral e das viagens realizadas, também comporiam o capital cultural da pessoa.

Por último, o capital social. Este tem a ver com a rede de relacionamentos, a capacidade de comunicar-se e de estabelecer relações. Mais do que ter amigos e conhecidos, o capital social a que Bourdieu se referia está mais próximo do que hoje convencionamos chamar de *networking*, algo muito valorizado no mundo acadêmico e também no empresarial. Há pessoas sobre as quais se dizem que seu maior patrimônio é sua agenda de contatos. Eles sabem com quem falar em cada situação, a quem recorrer nas dificuldades, com quem podem contar, quem pode dar a informação correta, o conselho definitivo. O capital social, definitivamente, vale muito.

Pense bem como andam seus capitais, afinal. Quanto a mim, o econômico, sob controle, pelo menos as contas estão pagas. O cultural, este podia ser maior, sempre. O social está bem, mas precisa ser mais bem cuidado, acho. Esta é uma reflexão pertinente na atualidade, e que deve ser feita repetidamente, pois tudo muda, e sempre somos comparados à média dos grupos (ou campos) a que pertencemos. Estar muito bem posicionado em um ano não garante o mesmo *status* no ano seguinte. Tudo flui, diria Heráclito.

COM GENTE É DIFERENTE

O quarto capital

Mas, há uma novidade no vocabulário sociologuês. Recentemente, a cientista social inglesa Catherine Hakim, especialista em sociologia do trabalho, o que inclui análises sobre as atitudes sociais e as relações de poder, publicou um livro que tem sabor de pimenta malagueta, aliás, muito apreciada na terra da rainha. A crítica o recebeu com algum espanto; no mínimo, foi rotulado de "provocador". Seu título é... *Capital erótico* (Best Business, 2012).

Sua proposta é a de que esse capital pessoal, que ela chama de erótico, tem o mesmo potencial de gerar poder que os outros três. Diz ela que criou o termo para "aludir a uma obscura, porém crucial, combinação de beleza, *sex appeal*, capacidade de apresentação pessoal e habilidades sociais – uma união de atributos físicos e sociais que torna alguns homens e mulheres mais atraentes para os membros de sua sociedade".

Catherine afirma que as sociedades modernas estão cada vez mais individualistas e sexualizadas, e que as pessoas devem dar-se conta de que são avaliadas não apenas pelo que podem fazer pelo coletivo – o que dependeria especialmente de seu capital cultural –, mas também quanto de apreciação que elas obtêm simplesmente com sua presença física.

Apesar da forte sexualização do texto, com relatos, digamos, quentes, das relações humanas, o capital erótico não seria, necessariamente, um poder sensual. Antes, é a capacidade de provocar atração, desejo de proximidade, polarização dos olhares. Somos, naturalmente, atraídos pelo belo, que pode estar presente nas artes, na natureza, nos animais, no *design* e na arquitetura. Niemeyer, por exemplo, sempre preferiu as linhas curvas para seus prédios, pois dizia que lembravam o corpo da mulher.

Erótico vem de Eros, o deus grego do amor, correspondente ao Cupido do panteão romano. Sua função era a de aproximar os amantes, e, para isso, provocava o desejo, a atração erótica, que culminava no desabrochar do que os humanos teriam de melhor, que é a capacidade de amar. Eros era filho de Poros, o deus da riqueza, com Penia, a deusa da pobreza. Por isso, Eros é ao mesmo tempo exuberante e carente, sempre desejando mais.

A autora descreve várias pessoas cujo capital erótico as ajudou a alcançar seus objetivos, especialmente os profissionais. Ela não elimina a importância da competência, nesse caso, mas posiciona a atratividade pessoal como uma vantagem adicional importante, com potencial de influenciar nas decisões de contratação, por exemplo.

Essa atração tem a ver com a beleza absoluta, que é definida geneticamente, mas também com a relativa, que é resultado da maneira como a pessoa se cuida. Importam seu asseio, o penteado, o sorriso, a maneira de vestir. Qualquer pessoa, a seu ver, carrega um potencial erótico, que tanto pode ser potencializado como prejudicado, como quando se escorrega para o exagero e a vulgaridade.

Pessoas com elevado capital erótico são aquelas ao lado das quais queremos estar. Às vezes, já sentado no avião, você fica observando as pessoas que entram, e vai selecionando mentalmente as que você gostaria que se sentassem ao seu lado e as que não quer. O único interesse, nesse caso, é o de ter uma figura agradável ao seu lado durante um tempo em que a proximidade física é inevitável.

Definitivamente, o capital erótico ajuda e, até certo ponto, está ao alcance de qualquer pessoa cuidar dele, potencializá-lo, torná-lo evidente. Cuidado e bom gosto são determinantes da vaidade necessária. Saúde, equilíbrio, sobriedade, adequação e elegância são os termos que melhor acompanham a ideia do capital erótico.

Para falar de uma pessoa que, definitivamente não era comum, certa vez li, em alguma revista, uma biografia sintetizada da princesa Grace, de Mônaco. Grace Kelly, filha de uma família rica da Filadélfia, tornou-se atriz e conquistou o coração do príncipe bom partido Rainier III. Entretanto, apesar da carreira no cinema, e do cargo de nobreza, dizia-se que seu maior talento era simplesmente o de se tornar agradável. Era impossível não se sentir privilegiado em sua presença.

Essa visão do jornalista, de que "seu maior talento era o de se tornar agradável", talvez seja a melhor maneira de entender o que a cientista social chama de capital erótico. No caso de Grace Kelly, sua pessoa era mais impactante que sua carreira, seu dinheiro e sua nobreza. E não apenas porque era bela, mas porque era agradável. Ela, definitivamente, tinha capital erótico.

Para terminar, é importante lembrar que não é este o capital que define o valor real da pessoa. Ele é um importante "abridor de portas", mas, manter as portas abertas é função de tudo o que está por baixo dessa epiderme erótica, como os valores, as atitudes, as capacidades. Se o objetivo é o poder pessoal, o equilíbrio entre os quatro capitais é o melhor caminho.

Sobre visão de futuro

Entre os diversos fatores motivacionais, encontramos a visão positiva do futuro. Pessoas se comprometem com o presente principalmente quando percebem sua relação de causalidade com o futuro. A boa gestão tem em mente que tanto o passado quanto o futuro existem e estão no presente. O passado pode também ser chamado de memória, e o futuro, de sonho.

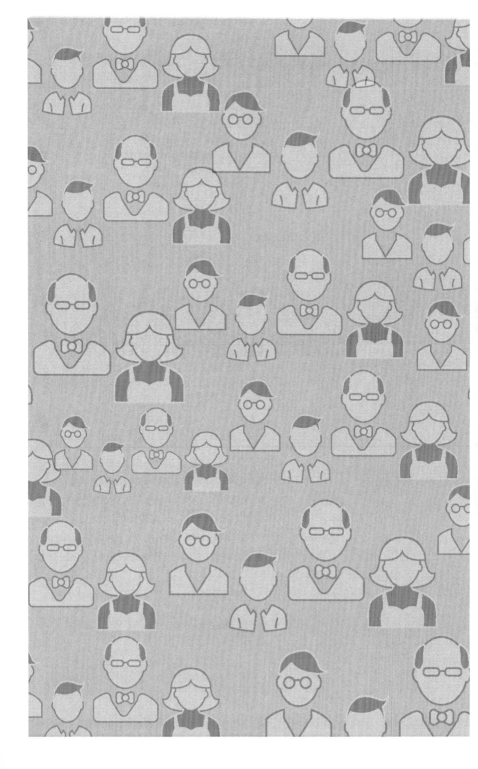

O sucesso pode parecer um golpe de sorte, mas, olhando mais de perto, percebemos que a anatomia de uma carreira brilhante ou de uma empresa vencedora é composta por trabalho duro que segue uma estratégica lógica. Vamos falar um pouco desta segunda. Um dos grandes estudiosos da lógica foi o matemático inglês Charles Dodgson. Ele escreveu dez livros sobre álgebra e geometria, mas chamou mais atenção com seus ensaios sobre a influência da lógica no futuro das pessoas, e, surpresa... com literatura infantil.

Publicou na revista *Mind* um ensaio sobre uma "pegadinha" da lógica que já havia sido utilizada pelo filósofo Zenão: o herói grego Aquiles e uma Tartaruga decidem apostar uma corrida de 100 metros. Considerando que Aquiles é pelo menos 10 vezes mais rápido que a tartaruga, ele concede a ela a vantagem de começar a corrida 80 metros na frente. Aquiles estava certo de sua vitória, mas eis que algo estranho acontece. No intervalo de tempo em que ele percorreu a distância que o separava originalmente da Tartaruga, esta percorreu 8 metros, mantendo-se à frente de Aquiles. E no tempo em que ele percorreu os 8 metros, ela andou mais 0,8 metros. Dessa forma, sempre que Aquiles vencia a distância que os separava, a tartaruga já estava em outro lugar, e ele nunca conseguia alcançá-la. É uma pegadinha porque a historieta trata o espaço e o tempo dissociados,

COM GENTE É DIFERENTE

sem considerar a convergência entre ambos. Na prática, em um momento, o espaço da tartaruga será vencido pelo tempo de Aquiles, pois a velocidade de ambos é diferente. Essa história nos remete ao que acontece com a vida das pessoas. Quando chegamos a um lugar desejado, parece que o objetivo já se deslocou mais para frente, e nós precisamos continuar correndo, em uma aparente maratona sem fim. "Pegadinha" do destino? Não. É que às vezes esquecemos de celebrar as vitórias e vamos logo transformando o ponto de chegada de uma etapa no ponto de partida da próxima. Não está errado, faz parte da insatisfação natural do ser humano, que é a base do progresso e da evolução da humanidade. Só tome cuidado para não transformar essa insatisfação em um estado de permanente ansiedade. Em vez disso, que tal celebrar cada etapa de um projeto, dando ânimo para o passo seguinte?

Lidar com esses "pontos futuros" é uma qualidade essencial para o sucesso. Quem não tem objetivos claros tateia na escuridão da incerteza. Líderes sabem onde querem chegar e, primordial, compartilham sua visão com a equipe. Charles Dogson, para falar sobre a lógica e a vida com as crianças, escrevia livros sob o pseudônimo de Lewis Caroll, sendo o mais conhecido, *Alice no país das maravilhas*. Nele há um diálogo em que Alice, perdida, pergunta ao gato de Cheshire qual caminho deve seguir. O gato questiona então para onde ela deseja ir, e Alice responde que não tem certeza. Isso leva o felino falante a comentar: "Se você não sabe para onde quer ir, qualquer caminho serve".

Após dizer isso, o gato desaparece, mas deixa visível seu sorriso sarcástico, diante de uma Alice atônita. É a metáfora explicando a atitude do mundo diante dos que não sabem onde desejam chegar – ri sarcasticamente.

No. 119.104

Viktor era um jovem vienense que, quando tinha apenas 15 anos, cometeu uma ousadia: escreveu uma carta ao brilhante médico que estava revolucionando o tratamento das doenças mentais, um tal Sigmund Freud, seu conterrâneo. Para sua surpresa, recebeu uma resposta. Não se conhece o teor das cartas trocadas entre eles, mas o que aconteceu depois é bem sabido. Viktor resolveu estudar medicina e, seguindo a carreira do seu inspirador, especializou-se em neurologia e psiquiatria.

Viktor Frankl foi um dos muitos seguidores de Freud e, como quase todos, acabou por se afastar dele. Apesar de respeitar imensamente o criador da psicanálise, o agora jovem médico divergiu dele em um ponto crucial: enquanto Freud concentrava a pesquisa psicológica no passado de seus pacientes, procurando entender as causas das neuroses, Viktor tinha mais interesse no futuro. Sua crença era a de que o passado pode ser compreendido, mas não mudado, já o futuro está ao alcance de cada um. Muitos, entretanto, não entendem essa mensagem da vida e se tornam prisioneiros de suas próprias histórias.

A escola de psicologia fundada por ele recebeu o nome de Logoterapia, ou terapia baseada na busca do sentido, e tem ajudado milhares de pessoas que se dão conta da importância de estarem ligadas a algo que justifica a luta do dia a dia, incluindo os momentos de dificuldade e sofrimento.

A teoria de Viktor foi testada em sua própria vida, pois ele foi o prisioneiro nº 119.104 de Auschwitz, onde conheceu o que pode haver de pior, e não só sobreviveu e conservou o equilíbrio mental, como salvou centenas de companheiros, pela busca permanente de um sentido para toda aquela miséria e uma visão permanentemente colocada no futuro.

COM GENTE É DIFERENTE

"Quem tem um bom 'porquê' suporta qualquer 'como'" –, não se cansava de repetir.

Versões atualizadas desse conceito são aplicadas, com sucesso, em muitas atividades humanas, além da psicologia clínica. Um bom exemplo são as empresas bem geridas, que buscam esclarecer os objetivos maiores que justificam as tarefas cotidianas. Mais do que uma técnica de motivação, é um ato de respeito. Funcionários são pessoas, seres pensantes, portadores do medo excessivamente humano do vazio existencial.

Líderes bem preparados compreendem essa sutileza da essência humana e tratam de atendê-la. Se conseguimos ver importância no que fazemos, incluindo as conexões com o futuro, então nos colocamos por inteiro. Senão, apenas parte de nós vai para o trabalho. A outra parte vai em busca de algum sentido.

Gestão de Pessoas é uma atividade diária, permanente e constante. É nas pequenas interações que ela acontece. Do sorriso de bom dia até a despedida no final do expediente, passando pela imensa gama de possibilidades de ajudar as pessoas a serem melhores e darem seu melhor. É preciso gostar de gente, apreciar as relações humanas, exercer tolerância, firmeza e afeto, nas doses adequadas, nos momentos propícios. E, acima de tudo, colaborar com a percepção do sentido, da justificativa para acordar de manhã e, principalmente, com a construção do futuro, pelo qual somos todos responsáveis.

CONHEÇA OUTRAS OBRAS DO AUTOR:

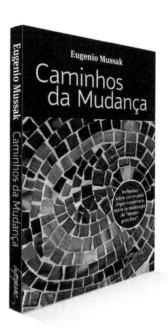

CAMINHOS DA MUDANÇA

Autor: Eugenio Mussak
ISBN: 9788599362273
Número de páginas: 192
Formato: 16x23

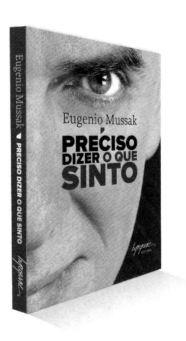

PRECISO DIZER O QUE SINTO

Autor: Eugenio Mussak
ISBN: 9788599362617
Número de páginas: 224
Formato: 14x19